尤 睿◎著

师者微光
以致远

——上海市静安区闸北第三中心小学
师资建设的思悟与实践

上海教育出版社
SHANGHAI EDUCATIONAL
PUBLISHING HOUSE

图书在版编目（CIP）数据

师者微光以致远：上海市静安区闸北第三中心小学
师资建设的思悟与实践 / 尤睿著. — 上海：上海教育出版
社，2025.5. — ISBN 978-7-5720-3478-7

Ⅰ.G625.1

中国国家版本馆CIP数据核字第20252Q1C35号

责任编辑　陈杉杉

封面设计　金一哲

师者微光以致远：上海市静安区闸北第三中心小学师资建设的思悟与实践
尤　睿　著

出版发行　上海教育出版社有限公司
官　　网　www.seph.com.cn
地　　址　上海市闵行区号景路159弄C座
邮　　编　201101
印　　刷　上海颛辉印刷厂有限公司
开　　本　700×1000　1/16　印张 12.75
字　　数　216 千字
版　　次　2025年5月第1版
印　　次　2025年5月第1次印刷
书　　号　ISBN 978-7-5720-3478-7/G·3106
定　　价　68.00 元

如发现质量问题，读者可向本社调换　电话：021-64373213

强师赋能　绽放光芒 |

　　教育，是人类文明传承的纽带，是社会进步的基石。而教师作为教育的第一资源，则是这条纽带中最坚韧的丝线，是这座基石中最稳固的基座。优先发展教育，加快推进教育强国建设，是新时代我国教育改革发展的重要政策导向和话语方式。教育高质量发展是教育强国建设的核心主题，高质量教师队伍则是教育高质量发展的基本前提。习近平总书记多次强调，"要把加强教师队伍建设作为建设教育强国最重要的基础工作来抓，大力培养造就一支师德高尚、业务精湛、结构合理、充满活力的高素质专业化教师队伍"，对教育强国建设中的教师队伍建设价值给予了充分肯定。可以认为，"强国必先强教，强教必先强师"应该是教育强国建设过程中的应然逻辑。

　　建设高素质、专业化教师队伍，既是一个重要的理论问题，也是一个重要的实践问题；既需要党和国家层面的政策与制度引领，也需要区域和学校层面的个性化思考与设计。学校是教育改革有机体的基础组成部分，学校教育质量的高低在很大程度上决定了教育强国建设的基石是否牢固，学校在教师队伍建设中的主动思考、个性设计和有效实践，则是整体提升教师队伍质量，提升教育品质，助力教育强国的基础与关键。上海市静安区闸北第三中心小学尤睿校长撰写的《师者微光以致远》就是一部集中体现基础教育学校如何顺应国家政策与战略，因校制宜推进学校层面教师队伍建设思考与实践的佳作。当我第一次翻阅这部书稿，我能够真实地感受到一股温暖而坚定的力量。这不仅仅是一本关于学校教师队伍建设的书籍，更是一位教育工作者对教育事业深沉的热爱与思考的结晶。作为尤睿校长的师长、朋友和她一路成长的见证人，我有幸提前阅读了这本书的初稿，深感其内容的丰富与思想的深刻，因此欣然接受她的邀请，为这本书撰写序言。

　　阅读此书，我有三点直观的体会与感受：

　　其一，本书呈现了具有理论价值的教师队伍建设认知。教师专业发展自20

世纪 50 年代开始成为一个相对独立的研究领域，至今已经形成了相对完善并不断更新的理论体系。但是如何结合学校实践，将这种外部的理论转化成教师队伍建设的理性认识，是摆在一线学校和校长面前的重要任务。本书尽管也关注、呈现学校教师队伍建设的实践问题，但对于这些问题的呈现和分析不是独立的，其中更多地隐含了作者结合新时代教育改革发展和未来教师形象所进行的理性思考。本书中提到的很多观点，如现代学校治理体系下校长角色的重新审视，名校长、名师的特征分析，将理想信念作为好教师的根本，将师德师风建设作为学校教师的队伍建设的关键，从"师德是灵魂，师能是本领，师识是条件"等维度建构校本教师专业发展体系，倡导教师内在生命自觉的绽放等，都形成了学校层面对教师队伍建设的有价值的理性认识。这种认识超越了传统的教师仅仅作为"知识的传递者"的身份局限，建构了一种校本层面的适应时代发展和教育变革需要的新型教师观、专业观和发展观，这不仅是对教师专业发展现有理论认识的补充，也体现了一个校长独特的认识、精神和情怀。

其二，本书提供了具有实践价值的教师队伍建设策略。教师专业发展，特别是学校层面的教师专业发展，本质上是一种教师专业实践的改善，实践和行动是其核心的领域。本书的撰写尽管也毫不避讳地提出了当前学校教师队伍建设中的诸多问题，但作者将更多的精力放在了如何深入分析这些问题背后的原因，并基于此提出了一系列切实可行的解决方案。本书结合学校的实践，就"如何培育教师的良好理想信念，将教师的理想信念与学校的发展理念有效结合""如何强化教师师德师风建设，构建师德师风建设的长效实践体系""如何培养教师的专业能力，提升教师的教学能力、研究能力和管理能力，架构分层分类的教师培养体系和多样化的教师专业发展路径""如何完善教师专业发展的外部制度，推动教师的自我反思，实现教师育品、育学，育行、育智的统一"等一系列问题呈现了丰富多样的行动举措和实践案例，真实体现了学校对于如何打造适应教育强国和教育改革发展需要的"阳光教师"队伍的设计和思考，体现了扎扎实实的行动变革成效。

其三，本书建构了具有辐射价值的教师队伍建设框架。教师队伍建设是一个系统工程，也是各地区、各学校普遍关注的重要领域。在本书的撰写过程中，作者始终将学校教师队伍建设视作一个有机整体，从宏观的视角审视和架构教师队伍建设的体系框架，而不是拘泥于具体的教师队伍建设事务。本书既从理性的层面分析了教师、校长、学校之间的逻辑关系，厘清了三者在教师专业发展过程中的有效互动模式，也建构了一种"以理想信念为根本，以师德师风为关键，以能力提升为基础，以生命自觉为价值"的教师队伍建设框架。这一框架不仅能够串联起学校教师队伍建设的具体实践，而且有助于学校管理者形成对教师队伍建设的系统性、整体性思维。这一框架既具有闸北三中心小学的校本特色，也符合新时代学校教师队伍建设的整体特征和规律，具有较强的辐射价值，能够为区域内同类学校进行有效的校本教师队伍建设设计、规划与实践提供借鉴。

当前，我国各级各类学校中，正大力学习贯彻党的二十届三中全会和全国教育大会精神，大力弘扬教育家精神，深入推动新时代高素质专业化教师队伍建设。我始终认为，学习教育家精神，既要把握其中"铸师魂、塑师表、尽师责、强师能、立师德、严师道"的系统性要求，认识到教育家精神传递的"国家立场、人格魅力、实践要求、发展活力、情感底色、社会担当"，更要将这种精神转化为实实在在的教师队伍建设和教师专业发展实践。透过本书，我能够感受到作者在教育一线的顶层设计和辛勤耕耘，感受到她对教育事业的无私奉献与执着追求，也能够感受到教育家精神在学校的生根发芽。相信本书不仅会为广大教育工作者提供宝贵参考，也会为关心教育的社会各界人士带来深刻的启示。让我们携手，为教育的温度与力量而努力，为教师队伍建设的未来而奋斗！

最后，衷心祝愿这本书能够得到广大读者的喜爱与认可，也祝愿作者在教育事业的道路上不忘初心，继续奋斗，为更多的学生点亮"生命绽放"的明灯。

纪明泽

2024 年 12 月

目　　录

引言：师者之微光　强国之力量

《礼记·学记》云："师者如光，微以致远"。长期以来，上海市静安区闸北第三中心小学一直追求并实施着"为了每个孩子心田的光芒"的教育，在20多年的阳光学校建设中，我们深感培养"阳光教师"的重要性。尤其进入新时代的中国教育改革发展，深入推进教育强国和教育现代化建设，着力构建"公平而有质量"的人才培养体系之际，如何顺应教育改革发展需要？如何更好地着眼立德树人教育根本任务的达成和学生德智体美劳全面发展的内在诉求？无疑，建设一支专业化、高素质、创新型的教师队伍，始终是学校改革与发展的重要命题。

建设教育强国是中华民族伟大复兴的基础工程，既代表了新时代推进教育改革发展的整体性蓝图设计，也蕴含着整个教育系统乃至全社会的理想价值和追求。习近平总书记在2023年中共中央政治局第五次集体学习时明确提出了建设教育强国的概念，强调："建设教育强国是全面建成社会主义现代化强国的战略先导……是以中国式现代化全面推进中华民族伟大复兴的基础工程"。由此，建设教育强国成为引领新时代教育改革发展的重要战略导向，围绕教育强国建设的相关理论研究和实践探索开始不断出现。比如，从"教育公平，教育保障，教育结构，教育质量，教育开放，教育贡献"等维度建构教育强国的评价指标体系[1]；从教育综合改革的推进，有质量的教育公平的体系打造，人才培养水平的整体提升，教育服务国家发展能力的拓展等纬度分析教育强国建设的基础[2]；从坚持党对基础教育的全面领导，推进课程和教材的标准化建设，构建教师队伍建设的政策支持体系，建设教育督导和教育监测制度等凝练我国基础教

---

① 张志勇，张文静. 教育强国评价指标体系建构［J］. 中国高校社会科学，2024（04）：32-46, 157.

② 吴霓，王远. 新时代我国建设教育强国的历史基础及未来路向［J］. 清华大学教育研究，2024（03）：22-30.

育强国建设的政策经验①。这些丰富的研究充分体现了建设教育强国紧迫的政策导向和实践诉求。但是不论基于怎样的角度分析教育强国建设，都无一例外地认为教育强国建设是一个系统工程，其中最为核心和关键的是高质量教师队伍建设，从入口、过程、结果全过程优化教师队伍建设，打造适应教育强国建设的高质量专业化教师队伍，始终是教育强国建设中的核心和关键命题。

教师是教育的第一资源，教育的高质量发展固然会涉及诸多因素，但是最为关键和基础的一定是教师队伍的整体质量。教育强国和教育高质量发展作为一种系统性的顶层设计，最终需要依靠教师创造性的劳动来落实，学生心田的光芒，需要教师的微光照亮与唤醒，而如果缺少高素质、专业化的教师队伍，任何美妙的教育改革发展设计都缺少落地的载体。改革开放以来，得益于我国各级各类教育的快速发展和完善的教师教育体系，我国已经形成了世界上规模最大的教师队伍，根据《2022年全国教育事业发展统计公报》的统计数字，我国各级各类学校专任教师的数量已经达到1880.36万人。在如此庞大的教师基数上，如何打造匹配教育强国建设需求的高质量教师是新时代我国教师教育面临的核心命题。习近平总书记在2023年9月9日致信全国优秀教师代表时强调，要大力弘扬教育家精神，实际上也是强调了对建设高质量教师队伍的殷切期盼。由此，在教育强国建设进程中，"强国必先强教，强教必先强师"应该是一种公认的逻辑，高质量教师队伍建设理应成为推动教育高质量发展，建设教育强国的核心任务。

高质量教师队伍建设的关键是促进教师专业发展。自20世纪50年代教师专业化成为一个相对独立的命题和研究领域之后，如何通过完善的政策设计、针对性的理论研究和丰富的实践路径设计，推进教师专业化建设，越来越成为世界各国普遍关注的教育命题。围绕教师专业发展的相关研究不仅建构起了丰富的理论体系，澄清了教师专业发展的内涵、价值、向度及其蕴含的实践机理，也逐渐形成了具有地区特色的政策保障制度。时至今日，教师专业发展已经越来越成为教育领域的焦点，诸如"教师成长"（teacher growth）、"教师学习"（teacher learning）、"教师发展"（teacher/staff development）等与其相近的概念也层出不穷。但是，在很多情况下人们是在宽泛的、模糊的、不严格的意义上

① 薛二勇，李健.基础教育强国建设的政策经验、关键挑战和推进路径［J］.中国教育学刊，2024（07）：1-7.

使用它们。这主要是因为人们对教师专业性的理解和要求不同①，在具体实践的过程中，研究教师专业发展的最重要使命不是理论领域如何理解和界定教师专业发展，而是在实践领域如何推动教师专业发展，促使教师成长为匹配教育改革发展需要的"新型教师"。

从世界各国的教师队伍建设经验看，最为核心的经验可以归结为两条：

其一，要始终关注教师专业发展的理论建构，围绕教师队伍建设和教师专业发展的现实需求通过理论研究阐释新问题，提出新思路，凝练新经验。当前，随着社会发展和教育变革，对于教师专业素养的要求发生了很大变化，教师已经跳出了传统意义上"传道授业解惑"的角色定位，需要更多样化的专业素养支撑。因此，如何建构适应教育改革发展需要的新时代教师素养模型②，特别是信息化素养模型，成为引领教师专业发展理论研究的新风尚。此外，在中国式教育现代化的整体语境中思考教师队伍建设和教师专业发展的新向度，打造具有辨识度的中国教师队伍形象也是研究的一个重心，让教师成为职业信念的坚守者，注重"道德人"的身份标识，坚守"专业人"的职业底色，将"仁师"视为终生职业追求③，涵养"躬耕教坛，强国有我"的价值使命，践行教育家精神，等等，都是教师专业发展理论研究的热点问题，这些理论研究的新视角，昭示着教师专业发展作为一个动态性命题的鲜活生命力。

其二，要注重建构"国家—地方—学校"整体联动的教师队伍建设实践体系。教师队伍建设是一个系统工程，既需要国家层面的政策制度保证，需要区域层面的个性化设计，也需要每一个学校、每一位校长和每一位教师自觉性、能动性的发挥。从我国的现实情况看，党的十八大以来，习近平总书记高度重视教师队伍建设，站在中国式现代化和中华民族伟大复兴的战略高度，多次对教师队伍建设提出重要指示，明确要求教师要做"四有好老师"，践行"四个引路人"，做到"四个相统一"，要求教师深入学习和践行新时代教育家精神，为深入推进我国新时代教师队伍建设提供了根本遵循。党和政府及教育主管部门先后围绕教师队伍建设制定出台了大量的专门性政策文件，对新时代教师队伍建设进行了整体性的顶层设计，这为系统推进我国新时代教师队伍建设，打造高

---

① 王晓莉. 教师专业发展的内涵与历史发展［J］. 教育发展研究，2011（18）：38-47.

② 饶从满，王玥. 关于新时代中国教师素养模型建构的前提性思考［J］. 教育科学，2024（05）：1-9.

③ 张伟，张茂聪. 论新时代教师的成长及其向度［J］. 山东师范大学学报（社会科学版），2021（04）：141-148.

质量专业化教师队伍提供了一种整体性的战略支持。在这样的情况下，全国各地也结合本地实际情况制定区域性的教师队伍建设发展战略方针，探索区域打造教师队伍建设的地方经验，探索形成了很多具有推广价值的教师队伍建设实践体系。以笔者所在的上海为例，近年来，随着中国学生多次在 PISA 等国际测试中取得佳绩，世界各国普遍对中国教育改革和人才培养的实践产生了浓厚的兴趣。不论是国外的研究，还是国内学者的自我反思，都将中国学生在国际测试中取得佳绩的重要原因归结到中国教师队伍建设之上。"通过高质量的教师队伍建设，整体带动课程教学改革，提升学科教学和人才培养质量，进而促进中国学生在国际测试中的良好表现"，这已经成为一种研究共识。在这一过程中，多次代表中国参与 PISA 测试的上海教育和上海学生，又受到了格外的关注。上海在教师队伍建设中的独特性做法和经验，成为国内外学者普遍想要揭开的"秘密"。上海教师队伍建设的秘密，整体上说，在于建构了一种既符合教师专业发展理论，又契合上海教育改革发展实际的教师专业发展支持体系。具体而言，为了整体上促进教师专业发展，上海建立了很好的教师晋升、教师评价、教师进修的"大三角"体系。这个三角体系涵盖了三个维度的具体内容：一是教师职称晋升体系；二是教师评价评估体系，包括日常评估和教研室互助评估等；三是教师进修体系 ①。从全世界来看，建构这样一个完全的三角形体系是首创，因为目前，有的国家有教师培训体系，但没有教师发展的支撑体系；有的国家有教师评估体系，却没有完善的教师培训体系。上海将教师培训、评估、晋升等元素进行有机整合，形成一个完善的教师专业发展支持体系，再配以针对不同成长阶段教师需求的多样化教师专业发展路径设计，就在整体上形成了一种教师专业发展的系统保障。这种体系，能够很好地调动教师内部和外部两个维度的成长自觉，形成教师发展的持久动力。

上海在教师队伍建设中的独特性探索，是中国整体强化教师队伍建设，打造具有中国本土经验的教师专业发展范式的缩影，体现了中国特色和本土自信。但是，笔者始终认为，教师队伍建设不能仅靠国家层面的政策驱动和区域层面的整体性实践机制，要真正撬动教师的专业自觉，建设高水平教师队伍，在学校层面，教师个体的自觉性和能动性必须得到充分激发。在这一过程中，因校制宜地设计本校教师专业发展的标识、路径和体系是最为重要的。

---

① 张民选. 上海教育要自信、自省与自觉［J］. 上海教师，2021（01）：7–8.

教师是教育的第一资源，对教师形象、使命、价值和标识的理解与设计，必然源于对教育本质的理解。教育的本质是为了人的幸福。从幸福的角度理解教育，有助于破除教育的实证主义和功利主义倾向，让教育回归"具体的人"的意识。在教育与幸福之间有着深刻的关联。从最美好和最深刻的意义上说，所有的教育都应当是幸福教育。幸福教育既是一种目的论，又是一种方法论。它将生命教育、文化教育和创新教育三者有机地结合在一起，并建立在幸福论的基础之上，从而让人们最大限度地在教育中真切感受幸福，又在幸福中切实获得教育①。但是要实现教育对于幸福的观照，关键在于人们怎样理解幸福，怎样理解教育，又怎样建构教育与幸福之间的内在关联。

上海市静安区闸北第三中心小学（以下简称"三中心小学"）创建于1945年，是一所有着近80年文化积淀和一定社会影响力的学校。2002年9月，三中心小学与原铁路一小合并后，学校经历了文化的融合和创新的过程。这一过程就是阳光学校创生的过程。通过20多年建设，"阳光学校"这一品牌从无到有，经历了品牌的创生与发展。多年来，学校立足国家立场、儿童视角，提出了阳光学校"为了每个孩子心田的光芒"的办学追求，并且坚定不移地遵循着"赋学生生命成长以阳光、赋教师主体价值以阳光、赋学校内涵发展以阳光"的办学理念，以教育科研为引领，以高质量的管理、多样化的课程、专业化的团队建设为途径，通过持续不断的教育教学改革和创新，努力培养"胸有大志，心有大爱，学有所成，行有所能"的阳光学子，打造一所让社会感到满意、教师感到幸福、孩子感到快乐、家长感到放心的现代化小学。近年来，聚焦核心素养，夯实基础，攻坚高位，学校的整体变革取得了令人瞩目的成果。学校目前为联合国教科文组织授予的环境、人口、可持续发展教育（EPD）项目实验学校，全国五星红旗大队，首届长三角学校科研工作先进单位，上海市文明单位，上海市文明校园，上海市安全文明校，上海市依法治校示范校，上海市优秀教师专业发展学校，上海市行为规范示范校，上海市艺术教育特色学校，上海市德育工作先进集体，上海市劳动教育特色学校，上海市家庭教育特色学校，上海市健康促进学校，上海少先队幸福教育实验校。

三中心小学认为，幸福就是阳光沐浴下的快乐成长。我们把"教育"与"阳光"相关联，用阳光来理解和刻画教育的本质。在我们看来，教育是知识的传

---

① 孟建伟.教育与幸福——关于幸福教育的哲学思考［J］.教育研究，2010（02）：28-33.

递和智慧的启迪过程，它像阳光一样，照亮学生的内心世界，帮助他们发现和理解世界的美妙和复杂性；教育不仅仅是学术知识的传授，更重要的是通过教育塑造学生的人格和价值观。这就像阳光滋养万物，使学生成长为有道德、有责任感的社会成员；每个人都有无限的潜能等待发现与发展，教育就像阳光，能够激发学生的潜能，帮助他们发现自己的兴趣和激情，通过不断发展，从而实现自我价值；教育是实现社会公平的重要途径，通过普及教育，可以为每个人提供平等的发展机会，就像阳光普照大地，不分贵贱，让每个人都有机会成长和成功；教育传递着希望和未来，它让人们对未来充满期待，相信通过努力学习可以改变命运，就像阳光总是带来新的希望和生机。总之，教育是充满阳光的事业，因为它能够给人带来光明、温暖和希望，促进个人的全面发展和整个社会的进步，三中心小学将"为了每个孩子心田的光芒"作为全校师生共同认同、自觉实践的学校文化，整体体现了学校的教育哲学，也形成着我们对于教育发展、学生培养和教师队伍建设的整体思考。

实施阳光教育，需要阳光教师，我们把"阳光教师"作为新时代学校教师队伍建设的整体性品牌设计和战略思考。一支充满阳光的教师队伍，是指那些充满热情、富有爱心、专业能力强，并且能够积极影响学生成长的教师集体。这样的教师队伍通常具备以下特点：

热情洋溢：教师们对教育事业充满热情，他们热爱自己的工作，乐于与学生互动，能够激发学生的学习兴趣和动力。

爱心满满：教师们关心每一位学生的成长，他们用爱心去理解和尊重学生，帮助学生解决学习和生活中的困难，成为学生信赖和依靠的对象。

专业精湛：教师们具备扎实的专业知识和教学技能，他们不断学习和更新教育理念，以适应教育的发展和学生的需求。

积极向上：教师们具有积极向上的精神风貌，他们乐观面对挑战，勇于创新，不断追求教学的卓越和学生的全面发展。

团结协作：教师们之间相互支持，团结协作，共同为提高教育质量和学生福祉而努力。他们分享教学经验，共同解决教育问题，形成良好的团队氛围。

榜样力量：教师们以身作则，成为学生的榜样。他们的言行举止、职业操守和人生观、价值观都会对学生产生深远的影响。

对于三中心小学而言，一支充满阳光的教师队伍能够为学生创造一个温馨、积极、健康的学习环境，帮助学生树立正确的人生观和价值观，激发学生的潜能，引领学生健康成长，为社会培养出更多的优秀人才。要实现这样的队伍建设，学校也有过一些初步的思考，从"道""技""艺"三个维度进行了整体性设计：

阳光教师的塑造与培养
道

（1）将"四有好老师"、大先生、中国特有的教育家精神等作为每个教师的崇高追求。

（2）围绕具有学校文化建设特征的教育思想与新时期师德教育要求，开展树形象工程活动，继续学习《阳光教师每一天》，通过学习提升境界、交流感人故事、评选服务明星等形式，提升职业的情意（专业理想、专业情操、专业品质）并制定相应的细则。

（3）加强对教师自我发展的研究，引导教师制定新一轮个人专业发展三年规划，运用先进的教学理论、科学的评价体系充实自己。

技

（1）通过讲座、视频观摩等形式的培训，提升教师专业素养、拓宽教师视野、培养教师情操和生活情趣、关怀教师身心健康，为教师专业发展以及学校课程建设提供理论上、实践上以及身心条件上的保障，提升教工的素养能力、归属认同感与幸福感指数。

（2）继续致力学习型学校的建设，建立教师学习制度，促使教师养成读书的习惯，努力形成一种弥漫于群体中的学习气氛，使学习成为一种环境、一种对话、一种问题意识、一种反思意识。拓宽政治学习专题节目，让书香飘进每一位教师的思想，让先进的、积极向上的理念由内而外地滋润每一位教师的心田，让欢声笑语赶走肃穆紧张，让诙谐幽默充溢工作生活的每一个角落。

（3）动员教师多练笔，组织开展基于问题解决的教学反思行动，提升教师概括、总结能力。

（4）对于青年教师，开展多种形式的"90后微光社"活动。加强新课程标准学习，从总体上把握课程目标和重难点；进一步落实浸润式跟岗行动，通过课堂指导、班主任实训等形式加强专业指导；坚持每学年开展一次风采展示活动，为青年教师发展提供平台。

（5）多为成熟期教师突破瓶颈提供专业发展机会，鼓励他们走出去，多参加校外培训与进修，拓宽视野。

（6）结合市级课题"跨学科主题学习教研模式的实践创新"，聚焦教师跨学科能力，提升新课程实施的胜任力。

艺

（1）通过"自助共营坊"的平台，将工作与实现自我价值相联系，促进教师自主发展内驱力的不断提升。成立各级各类沙龙活动——"时尚沙龙""艺术沙龙""生活沙龙"等，全方位提升教师生活品位和质量，体验"工作着并快乐着"，在工作中体验成功，享受快乐，做成功、快乐的教师。

（2）将教师的教学经验总结上升为教学智慧。组织优秀教师进行教学经验交流，并及时总结，组织大家进行研讨，将教师的个人经验上升到学校教师的集体智慧，结集出版。

（3）鼓励有特长的教师，根据学校的整体发展规划，发挥其特长，并成立名主持人工作室、专门社团，等等。

当然，学校教师队伍的建设，不是一种零散性的思考，需要通过一种整体性的设计与谋划方能"行稳致远"。作为校长，笔者始终认为教师队伍建设应该是校长办学治校的重中之重。要真正做到"引领教师成长"，校长需要对教师队伍建设有深刻理论思考与实践创新。这不仅是校长专业素养的体现，也是学校真正实现内涵发展、在教育强国建设时代征程上有所作为的必然要求。

从当下教师和校长专业发展的理论与实践体系看，反思不仅是校长的重要专业发展方法，也是提升校长办学治校成效，凝练校长办学治校经验的有效路径。做"反思实践者"，建构"行动中的知识体系"，是校长的理性选择。"行动中的知识"就是在专业实践活动中，实践者对实践活动进行反思而形成的知识，这种知识并非建立在技术理性的基础上，而是要借助"反思实践"活动来澄清、验证和发展。"反思"理论的倡导者舍恩认为，当实践者面对独特、不确定而又充满价值冲突的情境时，"行动中的知识"就隐含在实践者表现出来的那种艺术与直觉的过程中，这是一种无法言说的知识和能力[①]。从实践的角度看，很多时候校长治校经验既来源于职前教育、职后教师培训、学历进修、专业理论学习等理论思维影响，又受各级教育主管部门的各种政策、指令、制度以及行政人

---

① 张猛猛.反思：初任校长领导力提升的关键——以《一个小学校长的日记》为中心的考察[J].教育理论与实践，2018（26）：6-9.

员的教育管理工程思维影响，在二者的共同作用下，表现出以"范例推理"为特色的经验特征 [①]，这种成长方式往往会让校长在复杂多变的教育现实情境中显得不那么"得心应手"，如何通过及时、合理、必要的反思，不断重构和完善校长的理论与实践体系，成就校长办学治校个性化品牌，凝练校长个体化的经验，成为近年来校长专业发展的重要价值导向。本书的撰写，试图以一种自我反思的方式，立足新时代教育改革发展和教育强国建设的实践坐标，结合三中心小学的实践，对新时代学校层面教师队伍建设的理论与实践问题进行系统性思考和探索，彰显教育强国建设中的学校价值与使命，体现校长作为学校发展领导者的定位和思考，也力图丰富教师队伍建设的理论与实践体系，对区域教育变革与发展，作出一定的贡献。

---

① 尹超，等．作为"反思的实践者"：一种校长研修的新方式［J］.中国教育学刊，2021（S2）：242-244.

绪论：校长、教师与学校 |

对新时代学校教育改革发展中的教师队伍建设审视，不是一种零散的、只针对实践领域的行动总结，而是一种蕴含研究思维的整体性反思与建构。以教育研究的范式总结反思教师队伍建设问题，不仅有助于建构更为合理的教师队伍建设路径，也能够对这些实践行为背后蕴含的理论认知有更清晰的把握。教育研究源于理论理性和实践理性的统一，描述教育现象、解释教育行为、改进教育实践是教育研究的三项基本功能。描述教育现象即回答教育"是什么"、解释教育行为即回答教育"应该是什么"以及"何以如此"，改进教育实践则需要回答教育"应该怎么做"①，以这样的逻辑思考学校的教师队伍建设，就要把握教师对于学校教育改革发展"是什么"的内在规律性，把握未来教师队伍建设"应该是什么"的理想设计，把握教师队伍建设"何以如此"的路径建构。

学校是教育改革发展的细胞，教育质量的提升，关键和基础在于学校办学质量的提升。学校发展，首先靠校长的专业引领和卓越治理，其次靠全体教师的共同努力和创造性劳动，校长、教师和学校构成一种整体联动系统发展的和谐关系。对于校长而言，要对新时代学校改革发展进行一种整体性顶层设计，要形成建设高质量专业化学校教师队伍的整体思考和战略举措，首先要对校长、教师、学校的时代特征、价值意义、发展理路及其内在的逻辑关联形成一种理性认识，建立在这种理性认识基础上的教育变革行为和教师专业发展行动设计才能够是科学合理且具有内生性、发展性和延续性的。

---

① 李太平，刘燕楠.教育研究的转向：从理论理性到实践理性——兼谈教育理论与教育实践的关系[J].教育研究，2014（03）：4-10，74.

一、校长与学校

　　校长全面主持学校工作，是学校组织的管理者、学校发展的决策者、教学行为的组织者、教师成长的引领者，甚至是区域内教育地位的代表者和教育舆论导向的引领者。因此，校长既要践行教育政策精神、落实管理部门的教育要求，也要回应家长和社会对教育的期待。从某种程度上说，校长的政治底色、办学理念、教育思想、专业素养、管理能力等直接影响甚至决定着学校的发展方向、进程和高度。近年来，随着教师专业发展、学校管理、教育治理等领域的研究与实践进展，校长的专业角色塑造、专业化发展及其价值功能的合理发挥越来越受到重视，提升校长的综合领导能力，帮助校长建构包括专业领导、道德领导、文化领导、人格魅力领导、课程领导、教学领导等在内的丰富领导格局，发挥校长对于学校发展、人才培养和教师成长的积极价值，成为受到普遍关注的理论与实践命题。

（一）现代学校治理下的校长角色审视

　　校长价值和功能的发挥，依赖于合理的校长角色定位和角色饰演。"角色"是一个社会学概念，指个人在社会关系中处于特定的地位，并符合社会期待的一套行为模式。换言之，角色是一定社会关系决定的个体的特定地位、社会对个体的期待以及个体所表现的行为模式的综合表现[①]。对于角色的理解和界定，既具有历史性，也具有现实性，既要充分考虑某种职业的历史发展、功能定位，也要充分考虑时代发展的新内涵、新要求和新要素。对于校长角色的合理定位，是校长专业发展和教育管理研究的重要问题域。对于这一问题的研究，目前形成的结论是丰富多样的，比如，校长要是"教书育人的能手，师生成长的推手，学校高质量发展的舵手"[②]；校长要扮演好学校发展的"决策者、引领者、协调者、召唤者、执行者"等角色[③]；校长要涵养人文主义的教育理想，要塑造民主的生活和管理方式，要打造良好公共学习空间[④]等。整体而言，随着社会的发展，人们对于校长角色的认知更加丰富化和科学化。教育部印发的《义务教育学校校长专业标准》明确

---

① 奚从清. 角色论：个人与社会的互动[M]. 杭州：浙江大学出版社，2010：6.

② 唐敏. 好校长的三个角色定位[J]. 教育家，2024（03）：22.

③ 于文安. 校长多重角色模型及其能力提升[J]. 中国教育学刊，2021（12）：60-65.

④ 余凯，逢世龙. 现代学校治理视域下校长的价值选择[J]. 中国教育学刊，2022（08）：13-18.

指出，"校长是履行学校领导与管理工作职责的专业人员""担负着引领学校和教师发展，促进学生全面发展与个性发展的重任"，要具备"以德为先、育人为本、引领发展、能力为重、终身学习"等基本理念，要强化"规划学校发展、营造育人文化、领导课程教学、引领教师成长、优化内部管理和调适外部环境"等六个方面的能力并明确了各项能力的具体要求，这实际上为我们理解当下教育改革发展背景下的校长角色提供了一种整体性的框架和借鉴。

作为一名基层学校的校长，笔者认为校长的核心角色应定位于高质量学校治理体系的设计者。在推进中国教育现代化的历史进程中，学校治理现代化是校长不可回避的重要工作。学校治理现代化可以理解为在现代化观念的引领下，学校制度体系、治理模式、治理能力等方面的成熟与完善，是学校从传统治理向现代治理转化并产生积极效果的过程①。这一过程涉及学校教育哲学体系的建构，学校课程教学体系的打造，学校教师队伍建设的设计与实施，高质量人才培养体系的整体打造，学校综合管理的优化提升，等等。校长的角色，也应该围绕这些领域进行定位。

1. 校长是学校教育哲学体系的主要凝练者

学校发展是一种建立在共同价值观念基础上的发展，学校共同的文化、价值、理念等构成了学校的教育哲学体系，不仅影响着学校的个性，也生成着学校发展的核心精神动力。学校教育哲学强调通过学校共同体的观念变革推进学校的改革与发展，强调在发挥学校共同体集体智慧的基础上提炼学校的办学理念、发展定位和育人目标，形成学校共同体的教育信仰，开展顶层设计。一般而言，学校的教育哲学包括学校的办学理念、办学使命、发展定位、人才培养目标、制度与文化，具有内隐性、实践性、复杂性和稳定性的特征。学校教育哲学的凝练尊重学校共同体成员的教育权益，重视和吸纳教师个体的教育智慧②，但在这一过程中，校长始终应该是学校教育哲学体系的主要凝练者。人们常说，校长对于学校的领导，首要的是思想领域的领导，这实际上凸显了校长作为学校教育哲学核心凝练者的价值与定位。校长扮演着至关重要的角色，他们不仅需要具备深厚的教育理论知识，还要能够将这些理论与学校的实际情况相结合，形成一套符合学校特色、能够指导教育教学实践的教育哲学体系。首

---

① 郑金洲.学校治理现代化：意义探寻与实践推进［J］.河北师范大学学报（教育科学版），2021（01）：70–78.

② 陈建华.论学校教育哲学及其提炼策略［J］.教育研究，2015（10）：57–63.

先，校长需要对教育有深刻的理解和独到的见解。他们要不断学习和吸收国内外先进的教育理论，结合学校的文化传统、师资力量、学生特点等因素，提炼出一套既有理论高度又能落地实施的教育哲学。其次，校长要通过各种渠道和方式，将这套教育哲学体系传达给全校师生并转化为具体的行动。这包括在日常管理中贯彻教育理念，通过课程设置、教学改革、校园文化建设等方面体现教育哲学的内涵，以及通过教师培训、家长沟通等方式，让教育哲学得到广泛的认同和实践。最后，校长还需要不断地对教育哲学体系进行反思和调整。随着时代的发展和学校内外环境的变化，教育哲学也需要与时俱进，不断优化和完善，以确保其始终能够引领学校教育的发展方向。总之，校长作为学校教育哲学体系的主要凝练者，他们的工作不仅关系到学校的教育质量，也影响到学生的成长和发展。因此，校长需要具备高度的责任感和使命感，以及不断创新和进取的精神，以更好地实现学校思想引领的重要价值。

2. 校长是学校课程教学体系的关键设计者

立德树人是教育的根本任务，学校的核心使命要落实到人才培养之上，而课程教学是人才培养的基本支撑，推动学校课程教学改革，建构既具有学校特色，又落实国家标准，凸显人才培养需求的高质量课程教学体系，是学校发展的又一个重中之重。这意味着对于校长而言，尽管其领导力是丰富多元的，但是以课程教学设计与变革为中心的课程领导力应该是校长领导力诸多要素中的关键要素。学校课程是由办学理念、育人目标、课程资源、教育环境等构成的一个生态系统，需要校长、教师、专家、学生、家长和社区各方面力量的广泛参与。校长要积极构建课程领导共同体，让课程参与者共同承担课程建设和领导的责任，促进各种课程资源的融合[①]，形成完善的课程体系。这是理论与实践使命的达成，需要依赖校长的课程领导能力。从概念上说，"课程领导力"就是以校长为核心、教师为基础的课程领导共同体，以学校课程文化建设、课程的设计与开发、组织与实施、管理与评价为载体，以提升学校的课程教学质量，促进学生、教师、校长、课程、学校文化的发展为目标，在学校的课程改革与实践行动中体现出来的教育思想、教育哲学以及课程理解、规划、执行、管理、评价和创造等方面的能力[②]。校长的课程领导力在其诸多领导力素养中占据核心地位，

---

① 严必友.课程领导力是校长领导力的核心[J].江苏教育，2018（74）：1.

② 赵宁.论校长的课程领导力[J].小学教学研究，2019（01）：6-8.

这种领导力的展现和提升，整体植根于校长对于学校课程教学体系的设计和推进之上。校长作为学校课程教学体系的关键设计者，肩负着塑造学校教育框架、引领教学方向的重要职责。他们的角色不仅限于行政管理，更深入教育的核心——课程与教学的设计与实施。首先，校长需要对课程有深入的理解和前瞻性的规划。他们要洞察教育发展趋势，结合国家教育政策、学校定位、学生需求等因素，设计出既符合教育目标又具有学校特色的课程体系。这包括确定课程结构、选择教学内容、制定教学标准等，确保课程既全面又深入，能够促进学生全面发展。其次，校长要推动课程教学的创新与改革。他们要鼓励教师探索新的教学方法，如项目式学习、翻转课堂等，以提高教学效果和学生的学习兴趣。同时，校长还要关注课程的实施过程，确保教学质量，通过定期的教学评估和反馈，不断优化课程内容和教学方法。最后，校长还要营造一个支持课程教学改革的环境。这包括提供必要的资源支持，如教学设施、教材资源等，以及建立激励机制，鼓励教师参与课程设计和教学创新。此外，校长还要与家长、社区建立良好的沟通，争取他们对课程改革的支持和理解。总之，校长作为学校课程教学体系的关键设计者，他们的工作直接影响着学校的教育质量和学生的学习体验。因此，校长需要具备教育家的眼光和改革者的勇气，不断推动学校课程教学体系的优化和创新。

3. 校长是学校师生成长发展的重要推动者

教育的对象是人，教育学理应拓宽理解人的思路[1]。从现代教育改革发展的整理演进看，倡导从"具体的人"的视角理解教育改革发展，尊重人性，倡导对师生生命的激扬成为一个重要思路。学校改革发展是一个系统性工程，也是一种"成事"与"成人"的统一。在学校发展的系统工程中，师生既是学校改革发展的重要推动力量，也是学校发展和教育变革理所当然的受惠者。因此，校长在推动学校改革发展，打造高质量学校教育体系的过程中，既要整体谋划学校发展，也要将促进师生成长成才作为重要使命。叶澜教授曾言，教育是为了人、通过人、发展人的美好事业。这里的"人"，是一个完整的且有着全面成长可能性的生命个体。如何激发每一位师生的全面成长可能性，应该成为每一位校长不断探索的一个实践课题[2]。换言之，每一位校长都应该成为师生成长发展的重

---

① 刘徐湘,胡弼成.教育学中"具体的人"——现象学的视域[J].高等教育研究,2005（03）:17-22.

② 曹海.激发每一位师生全面成长的可能性[J].人民教育,2021（07）:59-61.

要推动者。校长负责学校的整体规划和管理，确保学校运营高效，资源得到合理分配和利用。他们制定学校的发展战略，引领学校朝着既定目标前进，从而为每一位师生的成长和发展奠定基础，并提供一种整体性的设计与引领。校长通常是学校教育理念的传播者和实践者。他们通过自己的言行和决策，将学校的教育理念融入日常教学和管理中，影响师生的价值观和行为模式。校长支持教师的专业成长，提供必要的资源和培训机会，帮助教师提升教学技能和专业素养。这不仅有助于提高教学质量，也为教师个人的职业发展提供了平台。校长关注学生的全面发展，不仅在学术上提供支持，也在品德教育、心理健康等方面给予指导和帮助。他们通过各种活动和项目，为学生创造丰富的学习和生活环境。校长在家长和学校之间起到桥梁作用，促进家校合作，共同关注和支持学生的成长。他们通过家长会、开放日等活动，增强家长对学校教育的了解和参与。校长还负责维护学校与社区的关系，通过社区服务、合作项目等方式，增强学校的社会影响力，为学生提供更广阔的学习和实践平台。总之，校长通过多方面的努力，为学校的持续发展和师生的全面成长提供了强有力的支持。他们的工作对于塑造学校的文化氛围、提升教育质量以及培养学生的综合素质都具有深远的影响。

4. 校长是学校办学特色品牌的主要代表者

在追求学校特色发展、品牌发展的过程中，校长不仅是整体的设计者和推动者，更是学校发展的整体形象代言人。我们常说，"一个好校长就是一所好学校"，我们在讨论一所学校的发展现状和前景的时候，往往也首先会考虑这所学校的校长。因此，校长是学校的综合代言人，是学校发展特色品牌的重要彰显者。从实践的角度看，特色学校建设和学校高质量发展，其内在要求已经不能依赖外在治理范式，而必须代之以内在生成的哲学。特色学校和高品质学校倡导革新理念、自主权、合作参与，反对同质化和依附性，强调专业自主和内在发展。因此，主体、目标、过程、路径和条件成了特色学校建设要考虑的首要问题①，校长在推进学校整体发展中毫无疑问地扮演着核心角色，同时，校长自身的专业素养、形象品行等也都是学校形象的彰显。校长作为学校的最高领导者，常常被视为学校的代言人，他们在多个层面上履行这一角色，例如，校长在各种公共场合和媒体上代表学校发言，宣传学校的教育理念、发展目标和成就。

---

① 漆新贵，蔡宗模. 特色学校建设：内在生成的理念［J］. 中国教育学刊，2010（02）：22-25.

他们的言行举止直接影响到外界对学校的认知和评价。校长负责与学校内部成员（如教师、学生、员工）以及外部利益相关者（如家长、校友、政府机构、企业合作伙伴）进行沟通。他们通过有效沟通确保信息准确传递，以增强学校的凝聚力和外部支持。在面临危机或挑战时，校长需要迅速、果断地采取行动，并通过公开声明和沟通策略来维护学校的声誉和利益。他们的应对措施和公开表态对于危机的解决和学校形象的维护至关重要。校长通过参与品牌推广活动，如教育展览、公开课、校园开放日等，提升学校的知名度和吸引力。他们的参与和表态有助于塑造和强化学校的品牌形象。校长作为学校的领导者，通过自己的行为和决策为学校树立榜样。他们的领导风格和价值观会影响到学校的文化氛围和教育实践，从而间接塑造学校的品牌形象。总而言之，校长不仅是学校的行政领导者，更是学校理念、价值观的思考者与传播者，以及学校品牌和形象的塑造者，他们的工作对于学校的长远发展和品牌建设具有重要意义，他们自身的形象对于学校正常运行和特色发展也同样具有深刻价值。

（二）名校长与名校的特征分析

校长的角色和价值是多元的，但是，从"校长"这一名词出发，校长的作用最根本的是要与"办学治校"相关联，促进学生与学校发展，与学校成长生成内在的促进关系，是校长的核心价值所在。

校长是学校的最高行政负责人，负责制定学校的教育方略、管理策略和日常运营。他们需要确保学校的教育质量和学生的全面发展。校长领导学校的长期规划和重大决策，包括课程设置、师资队伍建设、校园建设等。他们需要具备前瞻性和战略性的思维，引领学校不断进步。校长作为学校与外界沟通的桥梁，需要与教师、学生、家长以及社会各界保持良好的沟通与协调。他们要倾听各方面的意见和建议，促进学校与社区的和谐发展。校长通过激励和支持教师、学生，营造积极向上的校园文化。他们要关注师生的需求和成长，提供必要的资源和支持，激发师生的潜力和创造力。校长负责监督学校各项工作的执行情况，并进行评估和反馈。他们要确保学校的工作符合教育政策和法规要求，不断提高教育质量和办学水平。由此可见，校长与学校的关系是多方面的，既包括领导和管理，也包括沟通和协调，以及激励和支持。校长在学校的发展中起着至关重要的作用，他们的工作直接影响着学校的教育质量和学生的成长。

作为学校整体发展负责人的校长，应该以创办名校为重要的工作目标，同时也应该以成长为名校长为自己的专业发展目标。理解何为"名校"，何为"名校长"，把握"名校""名校长"的特征，是校长促进自身和学校发展的认知前提。

1. "名校"及其特征分析

"名校"顾名思义，就是知名的学校、有名的学校，作为一个教育研究领域的"非正式概念"，它通常指的是那些在教育界享有很高声誉，拥有优质教育资源和教学质量，以及培养出众多杰出校友的学校。这些学校往往在学术研究、师资力量、校园设施、学生素质等方面都有较高的水平，并且在各种教育排名中名列前茅。在中国教育改革发展的历史中，名校不仅体现了教育改革和学校发展的顶端优势，也体现了人们对于优质教育资源的渴望与追求。对于名校的研究，主要伴随着教育改革中兼顾公平和效率问题的追问，体现着教育培养高素质人才，满足国家发展和社会进步的内在诉求。从现有的研究看，对于名校的特征研究和打造名校的思路方法研究是这一领域的研究热点，但是整体而言，因为名校自身问题的复杂性，对于这一领域的研究始终没有形成丰富的体系。现有研究普遍认为，名校应该具有"一流的办学目标，一流的学校管理，一流的教师群体，一流的办学设备，一流的教育质量[1]"；也有研究者认为，名校首先要有自己独特的价值理念，即学校的"精气神"，其次要有高质量的教师群体和一流的人才培养，此外，作为名校，必须坚持特色办学理念，创造自己的特色和影响力[2]。有研究者从名校成长的逻辑出发，认为名校的生成过程就是学校思想和精神的升华过程，名校不仅是质量的提升，也要解决其他同类学校无法解决的教育问题。名校要以培养高质量学生为己任，而且需要经历时间的等待和实践的考验。在名校的建设过程中，校长是领航员和缔造者[3]，因此，"名校"的生成往往与"名校长"的成长有密切的内在关联。

综合现有的相关研究，结合笔者作为一名中小学校长的实践感知，笔者认为，一所学校要称之为名校，整体上看，应该具备十个方面的基本特质：

（1）优质的教育理念。

---

① 孙晓林.名校特征之我见[J].山西教育，1997（02）：21.

② 朱建康.试论名校建设的四个特征[N].江苏教育报，2011-11-28（A07）.

③ 芮火才.名校生长的基本特征[J].江苏教育（教育管理版），2010（01）：5-9.

践行立德树人教育根本任务，具有先进的教育理念、清晰的办学定位、科学的发展规划、共享的精神价值。

不断探索和实践新的教育理念和方法，引领教育发展趋势。

鼓励教师和学生创新思维，培养学生的创新能力和实践能力。

（2）卓越的课程教学。

教学水平高，学校在各类考试和竞赛中表现优异，学生的学术成绩突出。

拥有一流的教学质量和丰富的课程体系，满足不同学生的学习需求。

有标志性的教育研究成果。

（3）优秀的师资队伍。

教师队伍专业素质高，具有丰富的教学经验和专业知识，具有适应现代教育活动的整体素养。

教师热爱教育事业，专业成长的内驱力强，能够激发学生的学习兴趣和潜能。

拥有一定数量的名师，教师队伍整体建设影响力较大。

（4）全面的学生发展。

注重学生的全面发展和核心素养培育，不仅关注学术成绩，还重视学生品德、艺术、体育等方面的培养。

提供多样化的课外活动和社团，丰富学生的校园生活。

人才培养整体质量高且具有学校的辨识度。

（5）良好的校园文化。

建立积极向上的校园文化，营造和谐、尊重和鼓励创新的氛围。

管理规范，注重学生行为规范和道德教育。

一般具有一定的历史文化沉淀，校园文化具有独特性和教育性，文化育人价值充分发挥。

（6）有效的家校合作。

家校沟通顺畅，家长积极参与学校活动，共同关注和支持学生的成长。

能够倾听家长的意见和建议，不断改进和提升教育质量。

形成家庭学校有效协同的育人机制。

（7）强大的资源支持。

拥有充足的教学资源，包括先进的教学设施、丰富的图书资料和多元化的学习资源。

能够吸引和整合社会资源，为学校发展提供强有力的支持。

（8）良好的社会声誉。

在社会上享有较高的知名度和良好的口碑，被广泛认可和尊重。

校友网络广泛，校友在各行各业取得显著成就，为学校增光添彩。

在教育领域具有对同类学校的较强影响力和辐射力。

进入学校学习一般需要经过较为严格的选拔。

（9）充分的国际交流。

注重国际化教育，与国外学校建立合作关系，提供国际交流和学习的机会。

有意培养学生的国际视野和跨文化沟通能力。

（10）持续地自我提升。

具有持续改进和自我提升的意识，不断进行教育改革和创新。

定期进行自我评估和外部评估，确保教育质量的持续提升。

名校与普通学校相比，在诸多领域都存在着显著的差异，这些差异，进一步凸显了名校的特征，也便于我们在教育现场直观地对学校整体发展状态进行判断（表1-1）：

表1-1 名校和普通学校的多维度对比表

维度	名校	普通学校
教育资源	通常拥有更丰富的教育资源，包括优秀的教师队伍、先进的教学设施、丰富的图书和研究资料。	资源可能相对有限，教师团队可能不如名校出色，设施可能不如名校先进。
教学质量	注重教学质量，教师通常具有较强的学术背景和丰富的教学经验，课程设置更加科学、系统和多样化。	教学质量可能参差不齐，部分学校可能缺乏有效的教学管理和质量监控。
学生素质	学生通常经过严格选拔，整体素质较高，学习氛围浓厚，竞争激烈。	学生素质可能更加参差不齐，学习氛围和竞争激烈程度可能不如名校。
升学就业	毕业生通常更容易获得较好的升学机会和就业前景，名校的学历在社会上具有较高的认可度。	升学和就业机会可能相对较少，学历认可度可能不如名校。

（续表）

维度	名校	普通学校
教育理念	一般具有清晰明确的理念和定位，在理念的设计和实施上具有引领性。	办学理念在清晰度、科学性和完整性上往往存在差距。
社会影响	在社会上具有较高的知名度和影响力，校友网络广泛，能为学生提供更多的资源和支持。	社会影响力可能较小，校友网络和资源可能不如名校。
校园文化	校园文化通常更加丰富和成熟，有更多的学生活动和社团组织，注重学生全面发展。	校园文化可能相对简单，学生活动和社团组织可能较少。

2. "名校长"及其特征分析

相较于"名校"的研究，人们对于"名校长"及其特质的关注和研究更多，这种研究整体上发端于管理学领域中对于领导特质理论的研究与实践。所有的领导理论都在尝试回答两个最基本的问题：其一是领导力源自哪里？其二是领导力是如何进行实践转化的？领导特质理论的核心追求在于通过实证、领导人物画像、数据分析等方式刻画作为领导的个体与群体性特征，试图通过这种整体性的特质描述为领导者的有效发现和培养助力。整体而言，延续100多年的领导特质理论，尽管其理论出发点、依据和实践范式一直饱受质疑和批评，但是这些系统研究所生成的关于领导特质的相关表述（表1-2）为如何理解分析领导、领导力和领导行为，建构不同类型的领导模式提供了借鉴。对于教育领域而言，经典特质理论注重人的个性特点、强调人的可塑性，认可了领导的情境性，为我们建立了一个优秀领导者的模型，为我们分析名校长的特征提供了一个基本的思考范畴，更为重要的是，现代校长可以从经典领导特质理论中发现自我、激发潜力、学会领导，找准性格底色，形成领导风格，做有个性的校长；重视实践观察，加强经验学习，做有智慧的校长；增强自评意识，促进专业发展，做有潜质的校长[①]，进而整体成长为名校长。

[①] 罗晓娟.经典领导特质理论对现代中小学校长的启示[J].教育观察，2019（05）：34，47.

表1-2　领导特质理论研究中关于领导特质的表述列表 [①]

维度	描述
个性特质	精神饱满；富有活力；正直诚实、自信热情；有领导愿望；有独立性；尽职尽责；情绪稳定；开放随和；有人格魅力。
智力和能力	聪明；有认知力；有知识；有判断力和决策力；有隐性知识。
社会特征	有人际交往能力；有合作精神和合作能力；有机智灵活的交际手段；能够自我监控；能控制情绪。
与工作相关特征	有追求卓越的愿望；有完成目标的责任感；遇到困难时能够坚忍不拔；能提出问题和积极解决问题。
背景	有良好教育背景；不排斥流动；社会资源丰富。

学校发展，教育质量提升的关键在于校长，而名校长在促进学校整体发展和品质提升的过程中无疑能够发挥更加重要的作用。整体上看，在世界各国基础教育改革发展的历史浪潮中，注重通过名校长的配置，实现教育资源均衡，进而整体提升学校教育质量，已经成为世界各国的普遍选择。以美国为例，美国教育领域普遍认为，优秀的校长在学校改进、教师留职和学生成绩提升等方面发挥着重要作用。通过采取有效的校长支持策略，为每所学校配备优秀校长，已经成为当前美国中小学缩小学生成绩差距、保障教育公平的重要举措 [②]。有研究者通过对美国"贝尔年度学校领导力"获奖者的相关情况分析认为，成为一位名校长应该具备如下特征：勤勉的品行修养、卓越的治理理念和专业的治理风格 [③]。关于名校长的特质研究，在我国教育研究体系中也占据重要地位，我国学者普遍乐于运用实证调查、文本分析等方式对名校长进行群体画像，例如王帅等研究者通过实证研究指出，名校长应具备职业道德与特质、战略与组织管理、课程与教学领导、团队管理艺术、沟通与关系调试这5个胜任特征族群共35个胜任特征 [④]；朱志勇等研究者通过对名校长的媒体报道话语分析，认

① 文晓立，陈春花.领导特质理论的第三次研究高峰［J］.领导科学，2014（12）：33-35.

② 李华，程晋宽.为每所学校配备优秀校长——美国中小学校长支持策略研究［J］.比较教育研究，2020（03）：66-73.

③ 陈殿兵，杨新晓.杰出无捷径：美国年度校长基本特质探析——以"贝尔年度学校领导力"获奖者为例［J］.比较教育研究，2020（03）：59-65，82.

④ 王帅.中学名校校长胜任特征研究［J］.教育学术月刊，2017（07）：54-63.

为中国的名校长具有"教学型领导"和"变革型领导"的两大基本特质[①]。

关于校长的研究有很多，总体看来，涉及校长素质、特质、能力、角色、领导力、胜任力以及标准等方面的研究，名称上虽有差异，但内容上具有较多相似性，皆在探讨校长的特点、素质、能力、品质等特征，这些研究为我们分析名校长的特质提供了基础素材。根据现有研究，结合笔者的思考，名校长应该具有的特征可以总结归纳如下：

（1）教育理念先进。

名校长通常具备前瞻性的教育理念，能够把握教育发展的趋势，引领学校持续创新和发展。而且，名校长往往能够根据教育改革发展的实际情况，及时更新自己的教育理念，保持其先进性。

（2）办学绩效好。

名校长具有突出的办学治校成绩，能够引领学校内涵发展、特色发展。学校治理的成效获得师生、家长和社会认可。

（3）领导能力强。

名校长普遍具备出色的领导和管理能力，能够有效地组织和协调学校资源，推动学校各项工作的顺利进行。名校长善于与师生、家长以及社会各界进行有效沟通，能够建立良好的公共关系，为学校营造和谐的发展环境。

（4）学术背景深厚。

名校长往往具有深厚的学术背景和专业知识，能够在教育教学、科研等方面给予师生专业的指导和支持，而且一般具有在业内有一定影响力的代表性研究成果，是某一专业领域的专家。

（5）人格魅力突出。

名校长通常具备高尚的道德品质和人格魅力，能够以身作则，赢得师生的尊重和信任。不论是在专业领域还是在日常生活中，名校长都有一种整体性的影响力和引领力。

（6）创新意识强。

名校长往往敢于尝试新的教育模式和方法，不断推动学校教育改革和创新，使学校始终保持活力和竞争力。

（7）危机处理能力强。

[①] 朱志勇，崔雪娟．优秀校长的领导特质：媒体报道视角的分析［J］．教育学报，2013（01）：100-110.

面对突发事件和危机，名校长能够迅速作出决策，有效应对和处置，确保学校稳定和师生安全。

（8）有持续学习精神。

名校长具有持续学习和自我提升的精神，不断吸收新知识、新理念，保持自身的成长和进步。

整体而言，名校长和一般校长在理念、行动、绩效等领域都存在一定差异（表1-3），把握这些差异，有助于我们在教育实践中识别校长领导行为及其结果的区分性，涵养成长为一位名校长的精神与动力。

表 1-3　名校长和普通校长的差异

维度	名校长	普通校长
领导能力	名校长通常具备卓越的领导能力，能够有效地激励和引导团队，形成强大的凝聚力和执行力。	普通校长可能在领导风格和管理技巧上相对常规，缺乏创新和突破。
教育理念	名校长往往有独到的教育理念和前瞻性的教育规划，能够引领学校教育改革，推动学校向更高层次发展。	普通校长可能更多地遵循传统的教育模式，较少进行大胆的创新和改革。
影响力	名校长在其所在地区乃至全国范围内都可能具有较高的知名度和影响力，他们的教育实践和观点常常被广泛传播和认可。	普通校长的影响力可能局限于学校内部或当地社区，外界对其了解和认可度相对较低。
办学成就	名校长通常能够带领学校取得显著的教育成果，如学生成绩优异、学生在全国乃至国际竞赛中获奖、学校声誉显著提升等。	普通校长虽然也能保证学校的正常运作，但在教育成果上可能不太突出和显著。
资源整合	名校长善于整合内外部资源，能够为学校争取到更多的资金、设施和人才支持。	普通校长可能在资源整合方面能力有限，学校的发展可能更多依赖于常规的财政拨款和内部资源。

（续表）

维度	名校长	普通校长
危机应对	名校长在面对危机和挑战时，能够迅速作出决策并有效应对，保持学校的稳定和发展。	普通校长可能在危机处理上显得较为保守，应对措施可能不够及时和有效。
专业发展	名校长往往对教学、管理、服务等相关领域有针对性的研究和思考，能够形成自己的教育管理主张，有相应的研究思考成果，在专业领域对教师有引领价值。	普通校长往往沉溺于具体事务，对工作的思考和理论探索不足，专业领域的发展成效不显著。

需要注意的是，名校长和普通校长的区别并不是绝对的，普通校长也有可能通过不断学习和实践成长为名校长。此外，名校长的评价标准也因地区和文化背景的不同而有所差异。但是无论如何，成为名校长都不是偶然和快速的，都需要经历持续的学习、探索、实践。对于任何一位校长而言，涵养成为名校长的内在自觉，在名校长的特质引领下不断完善自我、发展自我，都应该成为其职业生涯中的理性选择。

（三）涵养"名校长"与"名校"的行动自觉

对于校长而言，其工作尽管千头万绪，但是无非可以从两个维度进行解读：其一，从外部的角度看，校长的重要工作是办学治校，助力教育质量的整体提升，将自己的教育理念、办学理想等转化为现实的办学成效，其显性的价值和目标就是把学校办成具有较高知名度、影响力和教育水平的名校；其二，从内部的角度看，校长作为一名专业人士，要在促进学校发展的过程中实现自我成长，成为具有专业引领、道德引领、人格引领等价值的名校长。由此，任何一名具有教育志向的校长，都应努力涵养成为名校长，具有把学校办成名校的行动自觉。

这是一个倡导"生命自觉"的时代，教育的使命，也正围绕"人之自觉"而迎来理论与实践建构的新时代①。作为支持个体自我发展、自我完善的内在驱动力，生命自觉包含了三重内涵：一是发现自我、生成自觉；二是知觉生命、尊崇

---

① 冯建军.“人之自觉时代”的教育使命［J］.人民教育，2019（01）：30-34.

生命;三是实践生命、发展价值①。行动自觉是达成生命自觉的实践方式。行动自觉是指个体在行动时能够自主地、有意识地遵循一定的原则、规范或目标,而不需要外界的强制或监督。这种自觉性体现在以下几个方面:行动自觉的个体通常具有强烈的内在动机,他们清楚自己的行为目的,能够自主地作出符合自己价值观和目标的选择;这类个体能够在没有外部监督的情况下,自我约束,遵守社会规范和道德准则,表现出良好的自我管理能力;行动自觉的人往往具有较强的预见性和规划性,他们能够预见到自己行为的后果,并据此作出合理的计划和安排;他们倾向于不断反思和评估自己的行为,寻求改进和提升,展现出一种持续学习和自我完善的态度;具有行动自觉的个体通常具有较强的责任感和使命感,他们认为自己的行为对个人、社会乃至环境都有重要影响,因此会积极承担起应有的责任。

在实际生活中,行动自觉表现为个体能够自律、自省、自励,无论是在学习、工作还是日常生活中,都能够自觉地做出符合社会期待和个人发展需求的行为。这种自觉性是个人成熟和社会文明进步的重要标志。对于校长而言,成为名校长,打造名校的行动自觉,主要体现为校长要充分认识"名校"和"名校长"作为一种行动目标的整体感召力,要主动审视和发现自身发展、学校发展的问题,以"名校"和"名校长"为目标引领,不断创新,改革突破,积极主动地在创办名校以及成为名校长的实践中丰富专业素养,提升自我价值。

打造一所名校是一个系统工程,需要多方面的努力和长期积累。

(1)校长要带头明确办学理念和目标,设定清晰的办学目标,对学校整体的教育哲学体系进行建构。

(2)校长要带头构建优秀的师资队伍,招聘具有高学历和专业背景的教师,提供持续的专业发展机会。建立激励机制,鼓励教师创新教学方法,提高教学质量。

(3)校长要带头优化课程体系和教学方法,设计丰富多样的课程,满足不同学生的兴趣和需求。采用灵活多变的教学方法,如项目式学习、合作学习等,激发学生的学习兴趣。

(4)校长要带头注重学生全面发展,落实国家课程标准,围绕立德树人教

---

① 陆琦,肖龙海."成"自觉之人,"全"生命价值——当代教育自觉的理论内涵与实践新征程[J].现代教育管理,2022(02):48-55.

育根本任务，提供丰富的课外活动和社团，培养学生的兴趣和特长。关注学生的品德教育，培养学生的社会责任感和公民意识，注重学生核心素养培育。

（5）校长要带头营造良好和积极向上的校园文化，鼓励学生和教师之间的相互尊重和支持。同时也要注意强化学校管理，确保校园安全和秩序。

（6）校长要带头加强家校合作，建立有效的家校沟通机制，鼓励家长参与学校活动和决策。定期举办家长会和开放日，增强家长的参与感和归属感。

（7）校长要努力整合资源，提升硬件设施，争取政府、企业和社会组织的支持，获取更多的教育资源。改善校园设施，提供先进的教学设备和舒适的学习环境。

（8）校长要致力于建立良好的社会关系和品牌形象，与社会各界建立良好的合作关系，提升学校的知名度和影响力。通过媒体报道、公开活动等方式，展示学校的特色和成就。

（9）校长也要努力推动教育创新和国际化，鼓励教师和学生参与教育研究和创新实践。与国外学校建立合作关系，提供国际交流和学习的机会，同时定期进行自我评估和外部评估，收集反馈和建议。根据评估结果，不断调整、优化教育策略和措施。

整体而言，打造名校是一个长期的过程，需要学校领导、教师、学生、家长以及社会各界的共同努力。通过不断的努力和创新，学校才能逐步建立起自己的品牌和特色，成为社会认可的名校。

同样，成长为名校长也是一个持续学习和不断实践的过程。

（1）校长要不断更新教育理念和知识，关注教育领域的新趋势、新方法。参加专业培训和研讨会，与同行交流经验，拓宽视野。

（2）校长要确立清晰的学校发展愿景和目标，确保全体师生都能理解和认同。同时制定切实可行的短期和长期计划，确保目标的实现。

（3）校长要不断强化领导力，提升决策能力、沟通能力和团队建设能力。学习并实践不同的领导风格，根据具体情况灵活运用。

（4）校长要关注教师发展，重视教师的专业成长，提供必要的培训和支持。建立有效的激励机制，激发教师的工作热情和创新精神。

（5）校长要落实学生为本，坚持以学生为中心的教育理念，关注学生的全面发展。创造有利于学生学习和成长的校园环境。

（6）校长要注重教育协同和资源整合，加强与家长的沟通和合作，形成教育合力。建立有效的家校沟通机制，共同关注和支持学生的成长。要善于整合内外部资源，为学校发展争取更多的支持和帮助。建立良好的公共关系，提升学校的知名度和影响力。建立健全的危机应对机制，确保在面对挑战时能够迅速有效地作出反应。培养团队成员的危机意识和应对能力。

（7）校长要有自我反思能力，定期进行自我反思和评估，识别自身的优势和不足。勇于接受反馈和建议，不断改进和提升。鼓励创新思维，尝试新的教育方法和管理模式。勇于承担风险，推动学校持续发展和进步。

除此之外，成长为名校长不仅需要个人的努力，还需要学校、社区和社会的支持。通过不断学习和实践，结合自身的经验和特点，校长可以逐步提升自己的领导力，引领学校走向卓越。

二、校长与教师

学校整体的发展，一方面靠校长的整体引领，另一方面靠教师的集体劳动，因此，校长与教师的关系，也是现代学校的基本关系。对于校长而言，要在办学治校的过程中理解教师、尊重教师、发展教师、成就教师，方能形成推动学校发展和教育变革的整体力量。

校长与教师，作为学校教育"施教者"的两大主体，二者的关系一直是教育研究与实践的重要领域。对于中小学而言，校长一般是从一线教师成长起来的，甚至很多校长在成为学校管理者之后依然没有离开一线教学岗位。因此，就绝对身份而言，校长和教师都属于"教师"，二者之间主要是工作内容、工作方式、身份角色等的差异。对于校长与教师的相关研究，主要集中于校长和教师之间如何建构和谐的关系以及校长如何通过有效的领导行为关涉教师的幸福和成长。例如，有研究指出，提升教师职业幸福感是激发教师队伍活力，增强教师职业整体吸引力的重要举措，校长的领导方式，特别是以学为中心的领导方式，能够对教师的职业幸福感产生积极的影响[1]；一项针对上海教师的实证研究也表明，校长领导力对教师满意度具有显著的正向影响；组织支持感中的工具性支持维度在校长领导力与教师满意度的关系中起到中介作用；情感性支持维

① 罗羽乔，等.以学为中心的校长领导何以成就教师的职业幸福：基于多水平结构方程模型的研究［J］.教育科学研究，2024（02）：27-33.

度对教师满意度的中介影响效应最大①。有研究认为，校长的领导方式与教师的社会情感能力体验、社会情感能力培养有直接的关联，这种领导行为对于生命个体情感的积极发展，不仅体现在教师身上，也体现在学生身上②。

教师与校长之间的关系也是该领域研究的热点问题。这一领域的研究结论，一方面认为校长和教师作为学校的主要教育工作者，二者之间良好的关系有助于学校和谐稳定和健康发展，研究者特别强调校长通过人文化的管理方式来尊重和理解教师，以身作则建构良好的干群关系；另一方面，近期的研究主要集中于校长与教师在专业领域的关系建构，比如，认为校长与教师的根本关系应该呈现在课程教学改革的实践之中，课程改革是教育变革的核心，校长是课程改革的引领者和推动者，教师是课程的解读者和缔造者，课程改革的顺利进行需要校长与教师形成合力。现实的课程改革中，校长与教师有冲突与和谐两种关系：校长若诉诸指令、控制和威权，会导致教师的排斥、敷衍和抗拒；校长若凭借关怀、引领和赋权，则会赢得教师的参与、回应和承诺。和谐关系的实现需要提升校长的领导力，激励教师的专业发展和建立学习共同体③。

在笔者看来，不论是打造名校的教育实践行动，还是名校长的目标追求，都离不开对于校长和教师良好关系的把握与建构。在很大程度上说，名校长就是通过建设一支名师队伍，才成就一所名校的。结合实践，笔者倾向于从三个维度来理解校长与教师的关系。

（一）校长是教师的教师

对于校长和教师的关系，我们经常用一句简单的话来概括，即校长被称为"教师的教师"。这一称谓体现了校长在教育机构中的特殊地位和作用，体现了校长引领教师专业发展，持续投入教师队伍建设的使命，也体现了校长个体对于教师队伍建设整体的价值。

校长作为学校的领导者，不仅负责学校的整体运营和管理，还承担着对教师队伍的领导和指导责任。校长需要具备高瞻远瞩的视野，引导教师们不断更新教育理念，提升教学质量。校长通常是学校中最具经验和权威的教育工作者

---

① 王雨田.中小学校长领导力与教师满意度的关系研究[J].上海教育评估研究，2019（06）：27-31.

② 张森，毛亚庆.校长诚信领导对学生社会情感能力的影响：教师社会情感信念与亲密师生关系的中介作用[J].全球教育展望，2020（06）：113-128.

③ 韩芳.课程改革中的校长与教师关系[J].教学与管理，2018（02）：40-43.

之一。他们的行为和决策往往成为教师们学习和模仿的对象。因此，校长需要在专业知识、教学方法、管理能力等方面作出表率，成为教师们的榜样。校长负责组织和实施教师培训计划，帮助教师提升专业技能和教育教学能力。通过定期的培训、研讨和交流活动，校长推动教师队伍的专业成长和发展。校长需要关注教师的工作状态和心理需求，通过合理的激励机制和人文关怀，激发教师的工作热情和创造力。同时，校长还为教师提供必要的资源和支持，帮助他们克服工作中的困难和挑战。校长作为学校与教师之间的桥梁、纽带，需要及时传达学校的决策和要求，同时倾听教师的意见和建议。通过有效的沟通和协调，校长确保学校各项工作顺利进行，营造和谐的工作氛围。

整体而言，校长作为"教师的教师"，不仅在教育教学方面发挥着引领和示范作用，还在教师队伍建设、专业发展、激励支持等方面承担着重要职责。这一称谓体现了校长在提升学校整体教育质量和促进教师个人成长中的地位。

（二）每位教师都是领导者

理解教师，成就教师，用好每一位教师，基本的前提是正确理解教师的身份、角色及其工作特征。

随着时代的发展，教师的角色早已经从传统的"传道授业解惑"衍生出更多、更丰富的属性和要求。比如有研究者认为，应该着眼教育工作的复杂性，从认知、关系、情感等维度建构立体的教师专业角色模型[1]；有的研究认为，应该突出教师工作的实践属性，引导教师树立起"教育实践者"的身份意识[2]；有的研究则着眼教育信息化的发展，着力思考信息时代的教师工作转型和角色重构，提出"言传身教"者、学生身旁的指引者、赋能学习者、人工智能的竞争者等新型角色塑造，要求教师在变革的教育场景与环境中言传身教，从教书到构建知识与信息的端口，从教会学习到共同学习与探索，教育信息感知与精准化的教育赋能[3]，等等。

---

[1] 张晓光.认知·关系·情感：以三维框架重构智能时代的教师角色[J].清华大学教育研究，2024（01）：141-151.

[2] 徐赟.教师何以为"教育实践者"：实践哲学视域中教师专业角色的审思与拓展[J].教育学报，2024（02）：18-28.

[3] 李树英，冯思圆.教师的四种角色与五重教育境界——兼论智慧教育时代教育学的挑战与重塑[J].现代远程教育研究，2024（02）：28-35.

对于教师角色的理解，既涉及对于教育工作的认知，也涉及对于教师职业的认定。在笔者看来，在现代教育体系中，教师无疑扮演着多种多样的角色：

（1）教师是知识的传授者，教师通过课堂教学，将学科知识系统地传授给学生。他们需要不断更新自己的知识库，以确保教学内容的前沿性和准确性。

（2）教师是学习引导者，教师不仅仅是教授知识，更重要的是引导学生如何学习。他们需要教会学生学习方法，培养学生的自主学习能力。

（3）教师是情感支持者，教师在学生成长过程中提供情感支持，帮助学生建立自信，处理学习和生活中的困难。他们通过鼓励和正面反馈，激发学生的积极性和动力。

（4）教师是品德塑造者，教师在日常教学中渗透品德教育，培养学生的社会责任感、团队协作精神和良好的道德行为，教师的行为是教育立德树人根本任务得到彰显的实践基础。

（5）教师是教育的评估与反馈者，教师通过各种评估手段，如考试、作业、项目等，对学生的学习进展进行评估，并提供针对性的反馈，帮助学生改进和提高。

（6）教师是创新与改革的推动者，教师在教育实践中不断探索新的教学方法和手段，推动教育创新和改革，以适应社会发展和学生需求的变化。

总之，教师是教育的核心，他们的工作影响着每一个学生的成长和未来。因此，教师的角色不仅仅是职业上的，更是社会责任和使命的体现。

然而，在传统的教师角色认知中，我们往往只注重从教师与教学、教师与学生的关系角度理解教师的工作和身份特征，却很少从教师与学校的关系角度理解教师。在很多学校管理者的固有认知中，教师和校长之间是被领导与领导的关系，校长主要负责学校管理的整体顶层设计，是决策者；教师则是学校发展和教育教学政策的执行者，其在学校发展中的整体定位是被动的、底层逻辑的。但是，从学校发展的长远动力看，如何帮助教师树立起"领导者"的角色意识，赋予教师学校管理的相应自主权，是重构教师在学校管理变革中的角色的必然选择。

倡导每一位教师都是领导者的理念，实际上有着深刻的理论与实践渊源，它植根于教师专业发展中的赋能增权理论，又在现代学校教育治理体系的建构中得到新的重视。教育变革中的教师参与问题自20世纪60年代开始逐渐成为教育研究的"显学"，其直接原因是对于课程教学改革失败的归因分析。20世纪中期以来,世界范围内主题各异的大规模课程教学改革风起云涌,但是这些改革在实践中往往会面临一种"理想丰满,现实骨感"的窘境,甚至很多时候被认定为是一种"失败的改革"。基于对课程教学改革失败的教训总结,越来越多的研究发现,改革并非易事,如果缺少了教师的有效参与,"即使设计得再美的课程也未必能够保证取得成功"①。课程学家古德森(Goodson)强调,教育变革必须重新审视其内外部关系,这种审视和分析必须将人的转变作为首要因素,因为"只有当教师的个人投入被视为变革动力及其必要目标时,教育变革才最有成效"。在后续的相关研究中,研究者更多地倾向于通过实证分析来论证"教师在任何课程改革中都起着决定性的作用"的结论。除了理论层面的研究和主张外,世界各地越来越多的教育实践也深刻表明,只有教师真正有效参与的教育变革才可能是持久有效的变革。

教育变革需要理论的支撑,教师的赋能增权理论构筑了教师参与学校教育变革的理论支撑。教师赋能增权理论的提出,既有管理学领域人本主义管理理论等思潮的影响,也有教育改革实践中对教师地位、作用和价值认知改观的影响。从管理学的角度看,在传统的科层制管理理念下,雇员往往被视作"不会思考的机器",其工作的积极性难以得到保障。针对这样的问题,受人本主义思潮的影响,管理学领域开始倡导通过吸引雇员参与决策事务来提升其工作积极性与获得感,取得了良好成效。受此影响,教育领域对于教师在学校变革中的地位、价值等开始反思,并逐渐认识到为教师赋能增权对于教师自我成长和学校整体变革的重要价值。20世纪80年代开始,教师赋能增权逐渐成为一个重要的理论体系和研究范畴,在这一理论体系中,教师赋能增权应该成为教育改革特别是学校重建中的一个重要组成部分而不是一个单独的工作成为一种共识,越来越多的人认识到,要想使得学校改革和重建获得成功,教师必须成为学校决策的重要组成部分。在这样的理论支持和实践探索中,学校管理者开始普遍重视通过制度的设计和路径的创新来吸引教师参与学校管理。从根本上说,教师赋能增权与西方学校重建运动中所宣扬的分权化精神一脉相承,其核心价值就在于倡导教师应是教育改革的主导者、行动者的角色认知,而不仅仅把教师视为学校教育改革的对象。到了20世纪90年代,"教师赋能增权"

---

① Richardson, V., Placier, P. Teacher change [A]. In Richardson, V. Handbook of Research on Teaching (the fourth edition) [C].Washington, D. C.: American Educational Research Association, 2001: 907.

已经与"教学专业化"一起成为当时最响亮的两句口号，教育领导者被要求交出一些权力与教师共享，而非将权力加诸教师身上，与之伴随的是"分布式领导""道德领导""专业领导"等新的领导范式的兴起以及教师在学校教育事务中参与范围和程度的增加。从我国的情况看，始于世纪之交的第八次基础教育课程教学改革，鲜明地提出了三级课程管理的架构和改革导向，实际上也就是从政策层面保障了教师对于课程教学的参与权。近年来，随着教育治理理念的提出，建构多元协同、共同参与的学校教育治理体系成为热门话题。在学校治理体系和治理能力现代化建设过程中，发挥教师在学校治理中的"权力分享""权力监督"和"责任共担"作用，这是时代使命，更是实践所需[①]。由此可以认为，教师赋能增权理论与现代学校教育治理体系建构有内在的逻辑关联，用赋能增权的理论分析和促进教师在教育生态变革乃至学校任何变革中的有效参与，在新时代教育改革场域中依然具有重要意义。

尽管教师的有效参与是学校教育教学改革成功之保障这一共识已经形成，但是在实践中教师对待教育变革的态度并不总是积极的。美国学者菲利浦·史克雷切蒂（Phillip Schlechty）曾经总结了教师参与教育变革的几种显著角色，包括开拓者、先驱者、安于现状者、抵抗者和破坏者，生动体现了教师对于教育变革的不同心态和参与状况。由此，对于学校教育改革而言，不仅要关注和认可教师参与的价值，也要积极创造条件吸引更多的教师有效参与变革。有研究指出，当前教师参与学校治理事务主要存在四个方面的困境，包括"教师无法参与""教师无效参与""教师不愿参与"和"教师过度参与"[②]，但从整体上看，在我国学校教育管理向教育治理的整体转型中，教育参与学校事务的平台和载体在不断扩大，同时由于学校领域鲜明的权责划分体系，教师过度参与学校事务的整体现象不会产生过大的不利影响。由此，要引导教师有效参与学校变革，核心的问题就是教师参与的意识和能力问题，前者决定了教师对于学校教育教学变革的心态和投入程度，后者决定了教师参与学校教育教学变革的成效和最终质量。由此，如何结合学校课程教学的不同主题与要求，在赋能增权的理论支撑下，通过教师参与学校改革意识与能力的系统性提升，建构教师有效参与学校变革的实践机制，这是学校变革成败的关键。

① 魏叶美.教师参与学校治理研究［D］.上海：华东师范大学，2018：1-5.

② 侯玉雪，杨烁，赵树贤.学校治理背景下教师参与学校管理的困境及对策研究［J］.教育理论与实践，2019（13）：29-32.

整体而言，不论是对于教师个体成长，还是对于学校整体发展，倡导教师"领导者"的角色意识，都具有丰富的实践价值。教师是学校日常运作的核心，他们对教学过程和学生需求有深入的了解。让教师参与领导，可以将他们的专业知识和实际经验融入决策过程中，从而提高管理决策的针对性和有效性。参与学校领导能够为教师提供职业发展的平台，帮助他们提升管理技能和领导能力。这不仅有助于教师个人的成长，也为他们未来的职业晋升打下基础。通过让教师参与领导，学校可以发现和培养具有领导潜力的教师，为学校未来的领导层储备人才。教师在教学第一线，对教育趋势和教学方法有敏锐的洞察力。通过让教师参与领导，学校可以更好地吸收他们的创新想法和建议，推动教学方法和学校管理的持续改进。当教师感到自己的意见和贡献被学校重视时，他们会更加投入工作，增强对学校的归属感和忠诚度。这种积极的情感联系有助于提升教师的工作满意度和优化学校的整体氛围。与此同时，教师参与决策过程可以增加决策的透明度，让教师感到他们的声音被听到，从而提高决策的公平性和接受度。此外，教师通常与学生家庭和社区有更紧密的联系，通过让教师参与领导，学校可以更好地了解社区需求，促进学校与社区的互动和合作。总之，让教师参与学校领导是一个多方共赢的策略，它不仅有助于提升学校的管理水平和教学质量，也为教师提供了成长和发展的机会，同时促进了学校的整体创新和改进，一个有志于创办名校并成长为名校长的学校管理者，一定能够充分认识到教师的学校管理参与价值，并通过制度设计、专题培训、轮岗交流、教职工会议等方式，为教师成为"学校领导者"并合理参与学校管理提供平台。

（三）校长是教师专业发展的第一责任人

教师的专业发展在教育改革和教育高质量运行中发挥着举足轻重的作用，在新时代中国基础教育改革的整体政策范畴、制度设计和实践路径中，尽管并不否认促进教育高质量发展的路径是多元的，但其核心必然是高质量教师队伍建设。因此，必须充分重视教师专业发展工作，要站在教育现代化、教育强国的战略高度和全局，充分认识教师工作的极端重要性。教师的专业发展既需要完整的外部政策制度支持，需要教师自我专业能动性的持久生成，也需要学校之中以校长为核心的学校领导者的引领、帮助和支持，这意味着尽管现代教育中校长的工作和角色是多样化的，但是促进教师专业发展始终应该是校长引领学校发展的重要工作。《义务教育学校校长专业标准》明确提出，校长作为学校改革发展的带头人，担负着引领学校和教师发展的重任，校长是教师专业发展的第一责任人，要充分整合利用资源，顺应教育改革发展需要，立足教师实际，整体做好教师专业发展的设计和实施工作。

1. 校长要做教师专业发展的设计者

校长是学校改革发展的整体设计者，要从不同维度对学校的整体发展进行顶层设计，这一过程中，如何结合学校实际作好教师队伍建设的发展设计是一项重要工作。校长要在学校发展规划、年度工作计划制定的过程中，对教师队伍建设进行针对性的分析，通过学校整体规划和教师个体规划相结合的方式，找准教师队伍建设问题，厘清学校教师队伍建设的整体脉络。聚焦问题，设计针对性的举措。要作好教师专业发展和教师队伍建设的整体设计，首先要对教师专业发展形成科学的理解，因为对教师专业发展的合理理解，是促进教师专业发展的基础，也是进行教师队伍建设设计的基础。校长要认真学习教师专业发展的相关理论，对教师职业的专业属性有深刻把握，对教师作为其自身专业成长主体的地位给予充分重视，对新时代教育体系中教师的专业结构有合理的认知，形成从专业知识、专业技能、专业道德、专业智慧、专业自觉等不同维度整体理解建构教师队伍建设体系的行动范式。在设计教师专业发展体系的过程中，选择适合的专业发展方式是促进教师专业发展的关键，校长在进行专业发展设计的过程中，要注重立足校本，遵循规律，尊重教师队伍的多样性，满足学校教师的个性化成长需要，让学校的教师队伍建设整体设计既符合教师成长规律，也符合学校特点，具有实践的操作价值。在三中心小学的教师专业成长中，学校设计了以下分层培养计划：

静安区闸北第三中心小学教师专业化发展分层培养计划

教师是学校发展的核心竞争力，是学校物质文化、制度文化和精神文化的建设生力军。因此，在阳光学校的可持续发展中，我们必须一如既往地关注教师的专业化发展，努力建设一支具有和谐的人格，由衷热爱学生与宽容学生；精于教育教学规律，能通过持续的反思实现教育教学技能不断精进；适应学校文化的变迁，并能将个人愿景与学校愿景有机整合；能预见教育改革的发展，自觉追求教育教学的不断创新的阳光教师团队。

一、师资队伍现状分析

通过问卷、访谈等方式对教师现状进行了调研，我们发现：我校教师平均年龄 41 岁，其中班主任平均年龄 42 岁。学校的"成熟期"教师居多，但是大部分教师并没有进入所谓的"职业倦怠期"，而是对自己的专业成长有一定的需求。其次，不同发展层次的教师有着不同的发展要求，如何提供多样化发展平台，促进教师个性化发展也是我们需要解决的问题。最后，就现状来看，我校学科领军人物较少，亟须培养一批能够对学校教学产生影响的骨干教师。

二、教师分层培养目标及措施

针对学校教师目前的年龄、能力等结构特点，我校把教师分为见习期、职初期、成熟期和骨干教师四个发展阶梯。

阶梯一：见习期重规范

1. 对象

入职一年以内的教师。

2. 培养目标的关键词——规范

（1）规范职业形象。见习期教师穿着得体、语言规范，符合学校阳光教师的基本形象。

（2）规范教学行为。见习期教师能了解基本课堂教学流程，遵守学校课堂教学常规要求，教育教学行为规范。

3. 培养措施

（1）以学校《阳光教师每一天》的学习为抓手，引导见习期教师了解学校办学理念与育人目标，形成对学校的基本认同。

（2）开展见习期教师"我型我秀"风采大赛，提升教育教学基本功训练，逐步具备教师的基本素养。

（3）实施师徒带教工作。学校为每一位见习期教师配备教育、教学导师各一，严格按照《静安区闸北第三中心小学"见习教师规范化培训"工作实施方案》从学科教学、班级管理等方面给予指导。

（4）组织"85"后沙龙活动，通过"85"后沙龙开展教学研讨交流，互相学习，共同进步，实现抱团式发展。

阶梯二：职初期重传承

1. 对象

入职一年及以上，五年及以内的老师。

2. 培养目标的关键词——传承

（1）传承教师所必备的职业道德品质。职初期教师要始终把敬业爱岗、为人师表、甘于奉献作为从教的准则。

（2）传承阳光学校的人文精神。深入了解学校的育人文化、治教文化，努力争做"正气、大气、底气、灵气、雅气"的阳光教师。

3. 培养措施

（1）重视职初期教师育德能力的提升，实行"双班主任制"，加强职初期教师班主任岗位锻炼，配以优秀的班主任带教，不断提高育德能力。

（2）继续开展职初期教师专业基本功训练，定期举办青年教师基本功比赛，确保教师在职初期内基本功100%过关。

（3）加强职初期教师的教学常规管理，带教导师为职初期教师教育教学常规管理的第一责任人，通过带教活动，定期开展备课、上课、练习设计、抓差补缺等工作的指导，使职初期教师逐步形成规范的教育教学行为。

（4）关注职初期教师教育教学反思习惯的养成，以"教育札记"的撰写为抓手，加强职初期教师案例分析及研究，引导职初期教师不断发现、反思课堂教学及班级管理中存在的问题，以及通过实践探索解决问题的策略。教师在职初期内必须参加区青年基金课题的申报及评审，不断提升科研能力。

阶梯三：成熟期重辐射

1. 对象

参加工作五年以上的教师。

2. 培养目标的关键词——辐射

（1）育人理念的辐射。成熟期教师必须具备正确、科学、先进的育人理念，并将理念辐射至学生和家长。

（2）教育教学经验的辐射。成熟期教师要逐步形成具有个人特点的教育教学风格，善于总结，形成可推广可复制的经验。

3. 培养措施

（1）以"争做孩子眼中的阳光教师"为抓手，引导成熟期教师不断更新育人观念，走近孩子，逐步达到"教育无痕"的境界。

（2）进一步推进"向日葵工作室""梦想导师团"的建设，搭建经验分享的平台，帮助成熟期教师梳理教育教学经验，逐步形成个人特色。

（3）重视成熟期教师研究能力的提升，以"太阳屿"论坛为载体，分享成熟期教师的研究成果。

阶梯四：骨干教师重引领

1. 对象

通过区级、校级骨干教师评审与认定，是学校教育教学的质量把关教师。

2. 培养目标的关键词——引领

（1）先进教育思想的引领。骨干教师是学校教育教学的风向标，不仅要形成自己的教育思想，而且要引领广大教师积极投身于教育教学的实践与改革之中。

（2）科学的教育教学方法的引领。骨干教师必须提升新理念下的学科教学水平，创新教学设计，逐步成为学校教学科研能力和教学示范能力的典范。

3. 培养措施

（1）完善学校骨干教师评审制度，加大骨干教师的层级管理，充分发挥骨干教师的指导作用。

（2）建立"名师限期带教制"，为学校骨干教师配备市区学科名师带教，并努力为骨干教师提供外出学习的机会，开阔眼界，向更高层次发展。

（3）以"学术节"为载体，举办骨干教师教育思想研讨活动，不断总结经验，提升教育理论水平。

三、机制保障

为进一步将教师分层培养工作做细、做到位，促进教师专业化发展，学校将逐步形成以下保障机制：

1. 完善"2+X"校本培训体系

学校将继续完善"2+X"教师专业发展综合培训体系。通过多种培训方式，从本体知识系统、专业知识系统和自主拓展型学习系统等方面全面提升教师专业素养。

2. 完善校内外联动式的师徒带教机制

学校将继续坚持并完善校内外联动式的师徒带教机制，促教师专业成长。在学校层面，充分发挥骨干教师和成熟期教师的作用，指导青年教师的专业提升。在校外层面，学校将通过签约等方式聘请市区特级教师、学科名师带教学校骨干教师，提升骨干教师的专业引领水平。

3. 推进"浸润式"培养策略

学校将拓展培训渠道，鼓励教师走进名校，跟随名师，开展校际蹲点式培训，不断开阔教师视野，提升专业发展水平。

4. 提供教师专业展示平台

学校将构建多元展示平台，为教师在不同层面的展示交流提供保障。通过

"太阳屿"论坛为教师提供教学研讨、经验交流和成果展示的平台；通过"90后微光社"平台为青年教师提供每学期至少一次的校级层面教学展示以及随机性的教学研讨活动；通过"学术节"活动，为成熟期教师提供一个展示自我、典型示范的平台；通过"向日葵"工作室为骨干教师提供一个总结教育教学经验、形成自身特色和全校教师专业发展的平台。

5. 形成人人参与的研究机制

继续坚持人人参与的"草根式"研究。学校对在发展过程中遇到的问题进行分析、总结，形成有价值的研究课题，并引导教师参与其中，形成"市级—区级—校级—个人"模式的课题研究体系，开阔教师眼界，提升教师研究能力。

2. 校长要做教师专业发展的引领者

彼得·G.诺斯豪斯（Peter G.Northouse）认为，领导是个人影响团队成员去完成共同目标的过程[1]；约翰·科特（John Kotter）认为，领导是有助于引导和动员人们的行为和其思想的过程[2]。因此，领导行为总是伴随着"引领、指导"的价值取向。校长作为"教师的教师"，并非一种传统意义上的地位与身份的划分，其突出强调的是校长对于教师专业发展的引领价值。很多时候，学校的校长并非不重视教师队伍建设，而往往是在如何引领教师专业成长的实践当中陷入身份和行为困惑。对于多数学校而言，教师群体的个性差异比较明显，教师专业成长的自觉性和内在驱动力，在不同教师身上有着显著差异，让每一位教师都自觉形成专业成长的内生动力往往是不现实的。这时候就需要校长通过自己的思想和行动，发挥教师专业发展的引领价值，成为教师成长的引领者。校长引领教师专业发展的过程是一个蕴含多重价值的过程，其一，是校长对教师实施影响的过程。校长需要不断用自己的品格、思想、语言、行动去影响教师，为教师成长提供方向、树立榜样，成为教师专业发展的榜样示范者、专业引导者、发展支持者、激励保障者和文化营造者，当好教师专业成长的设计师、领头羊、合作伙伴；其二，是教师与校长形成共识并实现共同发展的过程。学校是一个发展共同体，校长需要带领教师建立共同的学校发展愿景并在意识、行动上形成深度共识，将学校发展和教师发展有机融为一体，在奔向学校发展愿景的过程中实现学校和教师的共同发展；其三，是校长鼓励、支持教师的过程。

---

① 彼得·G.诺斯豪斯.领导学：理论与实践[M].吴爱民，等译.北京：中国人民大学出版社，2012：2.

② 约翰·科特.变革的力量：领导与管理的差异[M].方云军，等译.北京：华夏出版社，1998：2-6.

校长需要树立教师的职业使命感，积极关注教师的发展需求，营造浓厚的学习共同体氛围，搭建丰富的成长平台，用尊重、信任、支持来激发教师的内驱力和潜能，提高教师的自我效能感、职业成就感和幸福感，从而赋能教师实现持续成长[①]。

3. 校长要做教师专业发展的保障者

专业发展依赖于专业的实践，医生的工作如果离开了临床，就不可能成为名医；教师如果离开了课堂与实践，就不可能成为名师。但是，成为名师的过程通常是一个从直觉到自觉，从规范到专业，或者说从带有被动的到以主动为主的发展过程。这个过程，需要一定的体制、制度与机制的保障[②]。很多时候，校长被视作"戴着镣铐的舞者"，对于教育外部制度的建构话语权较少，对于现实世界中存在的制约教师专业发展的相关制度、机制往往"心有余而力不足"。但是，教师的专业发展，主要的场域在于学校，校长可以整合学校资源，破除教师专业发展的学校制度障碍，从学校层面出发为教师专业发展建构完善保障体系。从宏观的角度看，校长可以通过"推的机制、引的机制、悟的机制"等的整体建构，形成学校促进教师专业发展的良好制度体系；从微观的角度看，制定专业发展计划、提供资源和支持、创建学习型组织文化、提供专业发展机会、建立反馈和评估机制、鼓励合作与交流、建立适当的奖惩机制等都有助于校长为教师专业发展提供完善的保障机制。具体而言：校长应与教师共同制定个性化的专业发展计划，根据教师的兴趣、需求和学校的发展目标来设定具体的学习目标和行动计划；校长需要确保教师有足够的资源，如时间、资金、学习材料和专业书籍，以及技术支持，来实施他们的专业发展计划；校长应倡导和营造一种鼓励学习和持续改进的学校文化，让教师感到自己的成长是被重视和鼓励的；校长应组织或推荐教师参加各种培训、研讨会、工作坊和进修课程，以拓宽他们的知识和技能；校长应建立有效的反馈机制，让教师能够了解自己的进步和需要改进的地方，并提供持续的评估和指导；校长应鼓励教师之间的合作与交流，通过教研活动、团队教学和互助学习等方式，促进教师之间的知识共享和经验交流；校长应对教师在专业发展方面取得的成就给予认可和奖励，这可以增强教师的积极性和动力。针对教师的专业成长，学校制定了《静安区闸北

---

① 陈丹.中小学校长引领教师专业成长研究[J].中小学校长，2024（03）：43-46.

② 王俭.促进教师专业发展的校长作为[J].教师教育研究，2015（02）：71-75.

第三中心小学教师专业能力考核方案》，部分内容如下：

教师专业能力考核主要包括"育人立德能力""教学实践能力""课程领导能力"。各项目考核评估内容：

（一）育人立德能力

1. 育人理念

内容说明：坚持为党育人，为国育才，履行好教书育人基本职责和落实立德树人根本任务，形成正确的育人主张，努力成为党和人民信赖、学生爱戴的好老师。

2. 育人成效

内容说明：以《小学教师专业标准（试行）》中关于"教师的专业理念与师德"的相关要求为基准，围绕《阳光教师每一天》，加强学习，自觉履行教师职业道德规范，努力争做引领孩子发展的"阳光教师"。

（二）教学实践能力

1. 教学设计与课堂实践

（1）教学设计。

内容说明：各学科根据备课模块的统一要求开展备课。一次备课时要求备课板块清晰、重难点定位准确、凸显以"学"为主体，让课堂活起来。个性备课时能根据各班情况对教学重难点的落实与突破，进行细致具体的调整。对关键性问题、可能会产生的生成性问题进行预设和对策。

（2）课堂实践能力。

内容说明：教学准备充分，教学目标、重点、难点定位清晰、准确，课堂环节衔接自然，节奏与进程合理。贯彻"以学生为主体"，能针对班级学生情况，运用科学的方法、有效的教学策略激发学生的学习兴趣，创新思维等能力；教师个人素养（语言、板书、信息技术等）扎实，学生学习效果（动力、习惯、能力）好。

2. 单元活动与作业批改

（1）单元活动。

内容说明：根据学校和教研组的要求，教师认真积极开展单元活动，并动态性完成相关资料的上传。

（2）作业批改。

内容说明：规范批阅，关注学生的学习习惯，重视书写质量，有激励性与针对性的评语。

3. 教学反思与质量分析

（1）教学反思。

内容说明：结合单元教学积极开展教后反思，根据要求，动态性完成教学反思上传。学期结束后青年教师将反思整合成专题论文一篇。

（2）质量分析（语、数、英学科）。

内容说明：语、数、英学科每学期进行一次分项调研和两次集中调研（基础调研、综合调研），教师能按时完成学科质量分析，并根据数据分析找准问题，提出合理的改进措施。

4. 教学评价与成效

（1）教学评价：蓝色智慧章。

内容说明：根据学校要求，在教研组的统一标准下规范开展蓝色智慧章评价。

（2）考试学科：两率、标准分。

内容说明：对比基础调研和期末综合调研情况，学科两率（合格率、优秀率）、标准分浮动数据为评价标准。

（3）考查学科：学科能力汇报展示。

内容说明：基于新课标，围绕学科核心素养开展学科能力汇报展示活动。

（三）课程领导能力

1. 学习研究力

（1）学习意识。

内容说明：认真参与学校组织的各类专题学习活动，以及教研组的研究课学习。

（2）学习成果。

内容说明：按时、高质量地完成学校布置的各项学习任务。

2. 课程执行力

（1）社团课程设计。

内容说明：重视课程整体设计，能按照拓展课要求组织教学，突出学生实践活动，能培养学生自主学习或小组合作等能力。

（2）社团课程执行。

内容说明：能根据教学常规要求，规范组织教学。

（3）社团课程评价。

内容说明：能按要求规范进行课堂表现性评价。积极开展好社团成果展示活动。学生对课程满意度在 80% 以上。

三、教师与学校

在国家教育发展的战略格局之中，教师的重要性日益突出。党的十八大以来，习近平总书记在一系列重要讲话和回信中多次谈到教师队伍建设的问题，论述了教师队伍建设的基本方略，指明了教师的培养是学校教育发展的基石。这些论述内涵丰富，特别是培养"大先生"，争做"四有好老师""四个引路人""四个相统一"和新时代教育家精神等的论述，站位高、立意深刻，体现了党和国家对教师培养的重大战略安排，折射出我国新时代教师培养的时代使命①。教师的培养，既是国家战略，也是学校发展的基石，更是校长的职责所在。教师队伍的培养和教师专业发展，离不开教师赖以生存的现实环境，学校是教师工作的基本场域，也是促进教师专业发展的主要平台。合理理解、把握教师与学校的关系，打造促进教师专业发展的良好学校环境，也是校长办学治校的重要工作。

（一）教师是学校发展的重要力量

学校的整体改革发展是一个系统工程，这一工程固然需要良好的内外部资源支持，需要以校长为核心的领导团队的卓越引领，需要相应的制度体系作为保障，但是教师作为学校教育系统当中的一员，在学校整体发展中始终占据着重要地位。教师的工作，特别是教师的集体工作，构成了学校发展的重要力源。教师作为学校发展的重要力量，从根本上源自对学校整体改革发展复杂性、系统性的审视，教师通过其创造性的劳动在学校改革发展的各子系统与范畴中作出贡献，进而促进学校整体发展。教师是知识的传递者，他们通过教学活动将学科知识传授给学生，是学校学术氛围的主要营造者。教师的专业能力和学术水平直接影响到学校的教学质量和学术声誉。教师不仅是学生的知识导师，也

---

① 杨明全，岳鑫.习近平新时代教师队伍建设重要论述的丰富内涵——兼论我国教师培养的时代使命 ［J］.教师教育研究，2023（06）：1-6，28.

是他们的人生导师。在学生的个性发展和品德形成中，教师的影响至关重要。他们通过言传身教，帮助学生树立正确的世界观、人生观和价值观。教师是教育创新的主体，他们的创新意识、实践能力是推动教育改革和课程更新的重要动力。优秀的教师能够不断探索新的教学方法和手段，提高教学效果，促进学生的全面发展。教师群体的凝聚力、向心力对校园文化的形成和传承具有重要作用。他们通过参与学校管理、组织学生活动等方式，共同营造积极向上、和谐共进的校园环境。教师作为学校与社会沟通的桥梁，他们的专业形象和社会声誉直接影响着学校的公共形象、社会认可度。优秀的教师能够提升学校的品牌价值，吸引更多的优质生源和社会资源。综上所述，教师在学校发展中扮演着多重角色，他们的专业素质、教育理念和行为表现对学校的整体发展具有深远的影响。因此，重视教师队伍建设，提升教师的专业能力和教育水平，是学校持续健康发展的重要保障。特别是在现代教育治理体系建构的格局下，教育服务对象成分空前复杂，区域教育和学校内部发展的不均衡性凸显，信息向决策与影响决策的主体公开不充分，学校旧有管理思维难以突破等，都需要通过教师治理思维和治理能力的发挥来破解[①]，这意味着在未来更加科学的学校治理体系内，教师将发挥更大的作用，教师作为促进学校改革发展重要力量的身份特征将进一步放大。

（二）学校是教师专业成长的基本场域

教师专业发展是一个复杂的理论和实践系统，需要多维度的建构和支撑，其中，学校理所当然成为教师专业发展的基本场域。从理论的角度看，学校作为教师专业发展的基本场域符合教师专业发展的实践属性，契合教师专业发展的理论研究趋势，能够观照教师专业发展的本质问题。从教师专业发展的现有研究范式看，一直存在制度理性和实践理性的范式之争，制度理性是引领教师专业实践的普遍性法则，实践理性则体现教师专业实践的现实逻辑，重视教师专业发展的实践理性，观照教师日常专业实践逻辑、引领教师专业反思、改革外铄的教师专业化路径，是当前教师专业实践路径建构的合理性选择[②]。这意味着，尽管教师专业发展需要相应的理论支撑，需要建构相应的理论范式，但是

---

① 秦玉友.新时期学校治理的现实挑战与积极应对［J］.东北师大学报（哲学社会科学版），2018（05）：18-23.

② 申卫革.实践理性视域下教师专业实践路径探究［J］.中国教育学刊，2014（11）：73-77.

教师专业发展的本质在于教师专业实践的改善[①]，提升专业实践能力是教师专业发展的本体性要求。即便是作为教师专业发展核心方式的教师学习，也越来越凸显实践本位的学习价值导向。实践本位的教师专业学习重视教师在教学实践现场的学习力，旨在拓展教师专业发展的生长点、促进教师的有效学习和做一个自觉的教育者，这种学习方式需要教师加强课程开发和教法研讨、深化教师的教育经验写作、实施教师群体的专业对话和行动研究以及教育政策的强力支持[②]，而毫无疑问，学校为教师专业发展提供了一个基本的实践场域，在学校之中实现专业发展，符合教师专业成长的实践属性，能够建构起教师专业发展理论研究与实践路径之间的有效关联；从实践的角度看，教师专业发展体现在课程教学、学生管理、学校治理参与等多维度，教师只有具身参与其中，才能真正理解学生、理解课程、理解教学、理解自我，丰富、多样和具体的学校教育教学实践为教师专业发展提供了实践平台，具体而言，学校为教师提供了一个真实的教学和学习环境，教师可以在这里实践他们的教学理念和方法。这种直接的实践经验对于教师的专业成长至关重要，因为它允许教师在实际操作中不断调整和完善自己的教学技能。在学校中，教师可以通过学生的表现、同事的观察和评价以及与家长的互动等方式获得持续的反馈，这种反馈有助于教师识别自己的强项和需要改进的地方，从而促进其专业成长。学校是一个专业社群，教师可以在这里与同事建立联系，分享教学资源，交流教学经验，这种专业网络的建立和维护对于教师的职业发展是非常有益的。许多学校会定期组织专业发展活动，如研讨会、工作坊、研究小组等，这些活动为教师提供了学习和成长的机会，通过参与这些活动，教师可以更新自己的专业知识，学习新的教学策略，提高自己的教学能力。学校通常拥有丰富的教学资源和专业支持系统，如图书馆、多媒体设备、教育专家等，这些资源和支持可以帮助教师更好地进行教学、研究，促进其专业发展。整体而言，学校作为一个集实践、反馈、交流、学习和资源支持于一体的环境，自然成为教师专业发展的主要场所。通过在学校中的持续学习和实践，教师能够不断提升自己的教学技能和专业素养，更好地服务于学生的学习和成长。

学校作为教师专业成长的主要场所，一方面是一种资源的支持，另一方面

---

① 崔允漷，王少非.教师专业发展即专业实践的改善[J].教育研究，2014（09）：77-82.

② 艾诗根.论实践本位教师专业学习的意义、特征和行动策略[J].教育理论与实践，2014（25）：33-37.

也是一种文化的支持，校长要通过一种人文化的环境创设，为教师提供一个"自由呼吸、自由成长"的空间。文化和氛围，对于教师专业发展具有直接影响。近20年来，受情境与社会文化观的影响，教师学习研究强调教师所处的文化与情境的影响，教师学习发生于复杂的共同体或系统之中，倡导通过一种共同体文化来提升教师学习和教师专业发展的价值。这实际上为学校建构更有利于教师成长的精神空间提供了理论支持。在笔者看来，这种文化的打造，未必是制度性和可视化的，也可以是一种非制度性的灵活设计，比如在学校生活中通过一些个性化的活动激发教师对于学校管理和自身成长的思考，让教师在一种愉悦的氛围中思考和实现专业发展，同时将个体成长与学校成长真正融为一体，这也是一种学校管理和教师队伍建设的有效设计。例如，笔者曾在全体教师中开展"我为'幸福工作'献一计"活动，就是从一种更宽泛的文化氛围设计角度促进教师专业发展的独特设计。

"我为'幸福工作'献一计"情况汇总

一、调查的情况汇总

收到60份建议，涉及五大方面：制度的完善，教育教学的开展，环境设备的改善，工会活动的开展以及其他。

建议中教工最关注的是工会活动的开展和环境设备的改善。他们希望在承担繁重的教育教学任务的同时，能够通过办公环境的改善以及活动的开展，使自己得到适度提升。

建议中教工比较关注的是制度的完善。他们希望通过制度的建设，在实现规范管理的同时，更体现人本管理。

具体内容如下：

关于工会活动方面，大部分教师希望有一些舒压类的活动，如在图书馆看书、喝咖啡。也有教师希望能够拓宽眼界，开展人文类的活动，如参观博物馆、观看话剧。还有教师希望有些运动类的活动，如游泳。对于工会活动的建议呈现出比较多元的需求。

关于环境设备方面，建议主要针对学校的公共环境、教师的办公环境和学生的学习环境。学校的公共环境主要集中在厕所条件的改善，希望体现整洁、美观、舒适。教师的办公环境主要集中在电脑设备的维护、绿色植物的布置等，希望能够体现温馨。学生的学习环境主要集中于桌椅和橱柜，希望能够更新。

制度建设方面，大部分教工希望学校的各项工作尽可能地统整，体现计划性、整体性和协作性。也有教工希望能够有一些让自己静心学习的空间。还有教工觉得需要建立学校设施设备的维护与运行机制。

教育教学以及其他方面，表现出教师对自身发展的要求、学生教育的要求以及自身健康的关注，充分体现教师的自我追求。

二、基于调查的反思

1. 关于工作幸福感的认识

工作的幸福感和来自工作的压力存在着一定的联系。因此，正确面对工作压力很重要。

首先，在现代社会生活中，压力是不可避免的。我们需要有一定的压力，因为压力可以激发我们采取一些行为，挑战自身的能力，帮助我们达到自己认为不可能达到的目标（如同学生的学习压力）。重点在于我们怎样去处理、安排和缓解压力，努力使其变为一种能力，而不是一种阻力，更不能因为压力而崩溃。

第二，如何适度地处理和缓解压力主要来自外力、内力两方面。所谓外力，是通过管理机制、管理氛围的营造努力改善。而所谓内力，才是改变的关键。内力主要是建立自我的一种积极向上的心态。一个面对工作消极以待、不从主观出发、总是抱怨客观原因、得过且过的人，他感受幸福、承受压力的能力是比较低的。

2. 关于建设适宜办公环境的思考

适宜的办公环境可以带给教工工作时愉悦放松的心情，因此需要我们共同去设计、创造和维护。

首先是设计，可以发挥办公室集体智慧，根据需求共同打造温馨、美观、整洁的办公环境。当然，设计也要切合实际，符合学校财务制度的相关规定。

其次是维护，办公室是迷你的教工之家，环境与设备需要每个人共同维护，科学合理的使用是关键。建议健全制度管理，增强每位教工的责任意识，使适宜的办公环境能够常建常新。

3. 关于工会活动的设计与开展的思考

工会活动的开展是加强团队建设、凝聚教工的重要载体。开展工会活动一方面要遵守上级部门的要求，规范开展；另一方面也要不断满足广大教工的现实需求。因此，在新形势下如何创新工会活动的机制是值得好好研究的话题。首先要注重调查教师需求，按需分组，有序推进；其次，要注重创新形式，吸引更多教师的参与；最后，要注重活动的趣味性与教育性的统一，让教师在参与工会活动的过程中既能够愉悦身心，也能够得到教育，真正发挥工会活动的桥梁纽带作用。

教师是一种"文化"的存在，"文化"是教师的显著标识。这种文化既是内部的，也是外部的，既有积极的，也有消极的。基于教师文化的内容都是通过关系的若干形态表现出来的这一认识，哈格里夫斯（Hargreaves，A）从"形式"的视角提出了他的教师文化论，并由此将教师文化划分为四种类型，即个人主义文化、派别主义文化、自然合作文化、人为合作文化。其中，前三种是现状的形式分类，最后一种是为了变革而采取的实践形式[①]。良好的教师专业发展氛围的设计，不仅有助于消除教师专业发展的个人主义与派别主义文化禁锢，促进教师的有效沟通与合作，也能够为教师整体性的成长提供持久的精神与动力支持。

（三）"名师"与"名校"的相互成就

"名师"是指在一定范围内具有较强的知名度、认可度、美誉度、影响度和突出成就的专业素养较高的富有创造性的优秀教师[②]。它是一个约定俗成的称呼，即知名的、有名的、著名的教师，是一种区别于一般教师的，对更高水平、更高质量教师的群体的总称。名师作为教师专业发展和教师队伍建设的重要目标和价值指向，它与名校是相互依存、互相成就的。

一方面，名师成就名校。学校能否成为名校，因素很多，但其关键指标是办学质量，而办学质量的关键在于教师队伍质量。名师作为教师队伍中的佼佼者，不仅对于教师队伍的整体发展起着重要的引领作用，而且对于整个学校教育教学和人才培养的质量都有着鲜明的影响。名师通常拥有深厚的学科知识和教学经验，能够提供高质量的教学，激发学生的学习兴趣和潜力。名师往往在学术研究上有所建树，能够带领学生参与高水平的科研项目，提升学校的学术声誉。名师的个人魅力和影响力可以吸引优秀的学生和同行，形成良好的学术氛围和人才聚集效应。名师往往有自己独特的教育理念和方法，能够为学校带来创新和变革，推动教育质量的持续提升。名师通常与社会各界有着广泛的联系，能够为学校引入更多的教育资源和社会支持，增强学校的综合实力。名师作为学生的榜样，能够通过自己的言行影响学生的价值观和行为习惯，培养学

---

① 邓涛，鲍传友.教师文化的重新理解与建构——哈格里夫斯的教师文化观述评［J］.外国教育研究，2005（08）：6-10.

② 王毓珣.名师概念及特征辨析［J］.天津市教科院学报，2005（04）：41-43.

生的社会责任感和创新精神。因此，名师不仅是教育过程中的关键因素，也是学校品牌和文化建设的重要基石。通过吸引和培养名师，学校可以提升自身的教育质量和影响力，从而成为受人尊敬的名校。

另一方面，名校成就名师。名校以其独特的资源和影响力为名师的成长提供了更加便捷的通道和更加多元的支持。名校通常拥有更丰富的教育资源，包括先进的教学设施、丰富的图书资料、优秀的同行和学生群体等。这些资源为名师提供了更好的教学和研究条件，有助于他们提升教学质量和学术水平。名校往往有浓厚的学术氛围，鼓励教师进行创新和研究。在这种环境下，名师可以不断探索、实践新的教学方法和学术理念，促进个人专业成长。名校通常与其他高水平的教育机构和研究所有着广泛的交流与合作，名师有机会参与国际会议、合作研究项目等，这有助于他们拓宽视野，提升国际影响力。名校内部的竞争机制激励名师不断追求卓越。在追求更高学术成就的过程中，名师不断提升自己的教学和研究能力。名校的学生通常具有较高的学术潜力和学习动力，名师在教学过程中可以遇到更多有挑战性的问题和优秀的学生，这有助于倒逼他们提高教学技巧和深化专业知识。名校的品牌效应可以为名师带来更多的认可和机会。在名校工作的名师更容易获得同行的尊重和社会的认可，这有助于他们建立个人品牌，进一步促进自己的职业发展。名校通常有完善的人才培养和职业发展体系，为名师提供持续的专业发展支持，包括进修学习、研究资助、教学奖励等，这些都有助于名师的长期发展。整体而言，名校通过提供丰富的资源、良好的学术环境、广泛的合作机会、激励性的竞争机制、高质量的学生群体以及品牌效应和持续发展支持，为名师的成长和成功创造了有利条件。

学校教育是一个完整的生态系统，校长、教师、学校作为学校教育的核心元素，是决定教育教学质量和人才培养质量的关键要素。厘清校长、学校、教师之间的关系，有助于整体把握学校教师队伍建设的目标、价值、定位，合理分析教师队伍存在的问题，设计有针对性的符合教师成长规律的教师队伍建设举措。这些关系的把握，实际上是对新时代学校教师队伍建设基本理论问题的分析，回归到学校领域，校长需要关注更多的是围绕学校的核心办学理念和教育价值导向，基于教师队伍建设的实际情况和教师个性化的成长需求，探索形成多样化的教师专业发展路径，建构具有辨识度的校本教师专业发展支持体系，这是本书后续章节需要着力探讨的内容。

第一章 理想信念：好教师的根本

建设高质量教师队伍，促进教师专业发展，基本的实践逻辑和导向是培养"好教师"，本书绪论中对于"名校""名师"的辩证分析，实际上也凸显了学校改革发展中的"好教师"培养价值导向。什么是好教师？这既是一个严肃的学术命题，也是一个开放的实践命题。对于"好教师"的标准研究，几乎伴随着教育改革和教师队伍建设的始终。世纪之交，有研究者通过实证分析，对中美两国"好教师"的标准进行了比较研究，研究发现，两国对于"好教师"的标准界定既有共同性也有差异性，中国学生心中的好教师标准主要包括：有责任感，不伤害学生的自尊心，对学生一视同仁，教学生动有趣，敢于承认自己的失误，愿意参与学生活动，与学生接触，重视学生能力的培养，理解当代学生的思想，有组织能力，对学生有耐心，知识广博，严格要求学生等；美国学生心中的好教师标准主要包括：友善的态度，尊重课堂上的每一个人，有耐心，兴趣广泛，有良好的仪表，公正幽默，良好的品性，关注个人，处事有伸缩性，宽容有方法等。[1] 整体而言，"好教师"本身不仅仅是一个符号，它的背后反映了公众对高质量教育的迫切需求，其评选标准和过程体现了不同国家的教育系统、社会各方对教育的理解。[2] 从中国的实际情况看，关注教师队伍建设，从制度的层面对教师的培养进行目标设计一直是我国教师队伍建设的重要优势。新中国成立以来，中国"好教师"的标准整体经历了从"又红又专"到全面素养的转型[3]，"好教师"的标准和要求越来越丰富和具体，越来越指向教育工作和教师专业发展的全面性。进入新时代以来，以习近平同志为核心的党中央对教师队伍建设又进行了持续性的制度设计和标准厘定，特别是总书记对于教师队伍建设的一系

---

① 徐富明．中美"好教师的标准"比较分析［J］．中国教育学刊，1999（06）：50-51.

② 阚维．"好教师"标准的国际解读［J］．人民教育，2016（18）：70-74.

③ 王艳玲，陈向明．从"又红又专"到全面素养：新中国"好教师"标准的政策变迁［J］．教育学报，
   2022（02）：113-123.

列重要论述，彰显了理解新时代"好教师"标准的新视角。

在笔者看来，教育工作是复杂的，"好教师"的标准也是多样化的，但是这种多样化的背后一定有一些共同的整体性因素。相比较国外的教师专业发展模式，我国是站在民族复兴和教育强国建设的整体视角看待教师专业发展工作，"好教师"的标准厘定，不能仅仅聚焦于教育工作本身，更要凸显其政治站位、思想引领和价值感召，这意味着学校所要培养的好教师，首先要落实国家层面的整体要求，围绕立德树人教育根本任务，彰显教育工作的政治性、理想性和价值性，让教师更好地承担"为党育人、为国育才"的价值使命；其次，要结合学校的办学实际，特别是学校的办学理念、人才培养目标等，对教师队伍建设进行个性化设计，形成引领学校教师专业发展的相应目标体系和动力机制。

一、"理想信念"是"好教师"的首要标准

什么是"好教师"？这不仅是一个学术命题，也是一个受到普遍关注的社会问题，特别是在师生关系复杂交织，师德师风问题反复出现，社会对于高质量教育诉求不断加剧的整体背景下，人们对于"好教师"的追问和渴望也达到了前所未有的程度。在大众的视野里，"好教师"的标准是相对零散的，比如，好教师要有扎实的专业知识，对所教授的学科有深入的理解和掌握，能够准确无误地传授知识；好教师要有灵活的教学方法，能够根据学生的不同需求和学习风格调整教学方法，使教学更加有效；好教师要真正关心关爱学生，不仅关注学生的学术成绩，还关心学生的情感和心理健康，愿意倾听和帮助学生解决问题。他们对待学生一视同仁，公正地评价每一个学生。同时，好教师能够激发学生对学科的兴趣，让学生在学习中找到乐趣和动力；好教师能够充分发挥立德树人的榜样作用，善于通过自己的行为和态度为学生树立正面的榜样，影响学生的价值观和行为习惯；好教师具有持续学习的精神品格，他们不断更新自己的知识和教学技能，以适应教育的发展和学生的需求；好教师具有良好的沟通能力，他们能够与学生、家长和同事有效沟通，建立良好的合作关系。

但是，值得反思的是，社会对于好教师的认知，更多的是从教师承担的具体工作出发，关注的是教师专业素养和实践能力的提升，实际上从"立德

树人"的系统性出发，教师的专业技能固然重要，但是其职业理想、职业信念无疑更加重要。2014年9月9日，习近平总书记在北京师范大学师生代表座谈会上，号召全国教师做有理想信念、有道德情操、有扎实学识、有仁爱之心的"四有好老师"，第一次明确地对"好教师"进行了界定和"画像"。习近平总书记强调，好教师，一要有理想信念。好教师心中要有国家和民族，要明确意识到肩负的国家使命和社会责任。二要有道德情操。好教师应该取法乎上、见贤思齐，不断提高道德修养，提升人格品质，并把正确的道德观传授给学生。三要有扎实学识。扎实的知识功底、过硬的教学能力、勤勉的教学态度、科学的教学方法是教师的基本素质，其中知识是根本基础。四要有仁爱之心。好教师应该把自己的温暖和情感倾注到每一个学生身上，用欣赏增强学生的信心，用信任树立学生的自尊，让每一个学生都健康成长，让每一个学生都享受成功的喜悦。"四有好老师"的概念一经提出，就成为我国教师发展与教师教育的价值导向和目标追求。《全面深化新时代教师队伍建设改革的意见》《教师教育振兴行动计划（2018—2022）》等政策文本都要求教师要争做"四有好老师"。学者们也对"四有好老师"给予了较大关注，或对"四有好老师"的内涵和意义进行了阐释。应该指出的是，"四有好老师"的科学阐释，跳出了传统"好教师"标准的工具理性和技术理性，从国家发展、民族复兴、教育变革的整体高度理解和界定教师工作与"好教师"标准，具有非常鲜明的政治意义、理论意义和实践意义。

（一）整体把握"四有好老师"的要求

教师是万千职业类别当中的一个普通职业，需要遵循所有职业的基本价值规范，但是教师往往又被称作"人类灵魂的工程师"，必然有更深层次、更严格的责任伦理要求。由此，教师队伍建设问题和教师的职业发展，不仅是一个教育领域的问题，也是一个全社会共同关注和期待的问题。一个人，一个家庭，一个民族的发展进步和振兴，与教师的工作有着密切的关联，拥有好教师不仅是学生的幸运、学校的光荣，也是国家发展和民族复兴的希望。要实现这样的价值，就要培养造就一支高素质、专业化的教师队伍，需要涌现大量的好教师。习近平总书记关于"四有好老师"的界定和要求，不仅回应了社会对于新时代教育改革发展中培养怎样的教师的理想和期待，也对教师职业应有的伦理价值和责任要求进行了清晰的界定，为我们从职业信念、职业道德、职业素养、职业品行等角度全面系统地理解"什么是好教师"提供了清晰合理的框架。[①]

1. 坚守"有理想信念"的职业信念标准

在伦理学中，信念伦理与"责任伦理"相对，是促使行动者根据被其认定的价值信念开展行动的准则[②]，信念伦理以"价值合理性"为核心，是一种主观的价值认定逻辑。通俗地讲，理想信念是人们在对真理的坚信与价值的认同基础上超越现实、超越自我、坚信未来的稳定的自我意识，在人的精神世界，理想信念是居于支配地位、起核心作用的价值观念，是统率人们意识和行为的精神支柱。[③]习近平总书记对理想信念的培养高度重视，时常把理想信念比作"人生的第一粒扣子"，从这个角度出发，担负着培养社会主义事业合格建设者和可靠接班人重任的教师，其工作的首要价值就是帮助学生树立良好的理想信念，帮助学生"扣好人生的第一粒扣子"。如果教师自身没有坚定的理想信念，不能坚持正确的政治方向和政治立场，不能从国家发展、民族复兴的角度理解自身工作的重要价值，那么他们就不能形成清晰自觉的立德树人意识，无法承担培养民族复兴大任的时代新人之重任。对于教师而言，其教书育人活动是丰富多样的，其理想信念在教师丰富多样的具体专业实践活动中起着重要的方向和价值引领作用。只有心中有人民、国家和民族，自觉认同社会主义核心价值观，自觉认识自身肩负的教育责任和历史使命，自觉抵制错误思想的影响，教师才能够在教育工作中坚守理想，端正价值，引导学生树立起坚定的共产主义理想信念，完成为党育人、为国育才的历史使命。

2. 坚守"有道德情操"的职业道德标准

专业道德是教师专业发展在精神层面的核心表现。教师的工作，首先是一种道德和伦理的工作，教师的专业发展要以道德的引领和规范为基本前提。教师的专业道德建设包含两个维度的意蕴：首先，教师自身要遵循一定的道德规范，成为学生思想和行为的榜样；其次，教师要有育德的意识和能力，引领学生精神、道德、灵魂的成长。任何职业都有道德的约束，但是教师职业的道德要求更加严格，更具社会影响。对于教师而言，要成长为一名好教师，必须坚守职业的道德规范与操守。教师作为社会的重要角色，承担着培养下一代、传承

---

① 韩喜平，李帅．习近平关于新时代教师职业重要论述的价值意蕴[J]．福建师范大学学报（哲学社会科学版），2020（01）：9-16．

② 陆雄文．管理学大辞典[M]．上海：上海辞书出版社，2013：411．

③ 王玉樑．理想、信念、信仰在价值观中的地位及其意义[N]．光明日报，2000-09-19（B03）．

文化、传播知识的重要责任。坚守"有道德情操"的职业道德标准，对教师来说至关重要。这不仅关系到教师个人的职业形象，更直接影响到学生的成长和教育质量。首先，教师应具备高尚的道德品质。这包括诚实守信、公正无私、尊重学生、爱护学生等。教师的行为和态度会对学生产生深远的影响，因此，教师需要在日常教学和生活中，以身作则，为学生树立良好的榜样。其次，教师应具备人文关怀精神。教育不仅仅是知识的传递，更是情感和价值观的培养。教师应关心学生的全面发展，尊重学生的个性和差异，鼓励学生发展自己的兴趣和特长，帮助学生建立自信和自尊。再次，教师应坚守职业操守。在面对各种危机和挑战时，教师应坚持原则，保持清正廉洁，不利用职务之便谋取私利，不参与任何有损教育公正和学生利益的行为。最后，教师也要注重以身示范，将自己的道德理解、道德知识转化为道德行为，通过"三全育人""大思政课"等机制，更好地引领学生成长。总之，教师坚守"有道德情操"的职业道德标准，是教育事业健康发展的基石。每一位教师都应以此为准则，不断提升自己的道德修养和专业能力，为培养更多优秀的人才贡献力量。

3. 坚守"有扎实知识"的职业素养标准

教师专业知识是教师专业发展研究中比较古老的领域，主要研究教师用于开展工作的知识体系。国内外比较有影响力的研究成果包括舒尔曼、斯滕伯格、格罗斯曼、伯利纳等提出的教师知识结构模型等。例如，舒尔曼的学科教学知识理论认为，教师应该具备学科内容知识、一般教学法知识、课程知识、学科教学法知识、有关学生的知识、有关教育情境的知识、其他课程知识等七个维度的知识。专业知识是教师专业素质的重要组成部分，也是教师专业有别于其他专业的最基本标志，是为"教什么、怎样教、为何教"解决认知层面的问题。教师对教师知识的掌握与运用程度直接决定着他们专业水准的高低。整体而言，教师要建构涵盖三个维度的知识体系：① 本体性知识，即教师所具有的特定的学科和专业知识；② 实践性知识，即教师应对教学和管理工作并在这一过程中不断积累的知识；③ 条件性知识，即教师所具有的支撑教学工作的教育学、心理学、教学法、社会学、信息技术等知识，也包括其他必要的人文社科知识和自然科学知识，这些知识可以提升教师魅力，激发学生学习兴趣。值得注意的是，教师是承担教书育人工作的专门人员，其知识的储备有着相应的数量和质量要求，"有扎实知识"意味着教师应该形成与其本身工作相匹配的知识体系，这种知识体系的建构不仅具有前文论述的横向的丰富性，也需要教师在实践当中不断更新完善。过去我们讲教师和学生的关系，常用"教师要给学生一碗水，自己要有一桶水"这样的比喻，但时代的发展对教师知识体系的更新速度提出了更高更快的要求，教师不能再固守自己的"一桶水"，而要变成"一条流动的小溪"，这意味着教师必须掌握新的知识，要树立终身学习的理念，一方面向书本学习，主动汲取人类社会发展，特别是专业领域发展的新知识，另一方面也要向实践学习，把实践作为新理论、新知识、新技能获得的源头活水。同时，教师也要顺应信息时代的发展，不断更新教育思想、教育理念和教育方法，真正形成动态完善的知识体系，为教书育人工作的完成奠定坚实基础。

4. 坚守"有仁爱之心"的职业品行标准

"仁者爱人"是中华传统文化的核心理念之一，也是教师职业和"好教师"标准的重要内在要求。教师职业既是一种传播知识、思想和真理的工作，又是一项塑造灵魂、塑造生命、塑造人的工作，具有与生俱来的道德责任和榜样作用，"爱是教育的灵魂，没有爱就没有教育"[1]。因此，"关爱学生、为人师表"也被作为我国各类教师共同的职业道德规范。教师的仁爱之心不仅体现在对学生的关心和爱护上，还体现在对教育事业的热爱和奉献上。具有仁爱之心的教师，应该关注每一位学生的成长和发展，了解他们的需求和困扰，给予个性化的指导和支持；应该尊重学生的个性和选择，鼓励他们表达自己的想法和感受，营造一个平等、包容的学习环境；应该耐心解答学生的问题，不厌其烦地指导他们，帮助他们克服学习上的困难；应该通过正面激励和表扬，激发学生的学习兴趣和自信心，帮助他们建立积极的学习态度；应该用自己的行为和态度影响学生，成为他们的榜样，传递正能量和正确的价值观。整体而言，教师的仁爱是一种非凡的气度，是一种对己对人、对事对物的接纳和包容。教师的仁爱之心是以师生相互信赖为基础的，这种信赖主要体现为尊重、理解、关怀和宽容，要求教师具备恭、宽、信、敏、惠的品性。[2]尤其面对世界多极化、经济全球化、社会信息化、文化多样化对人们，尤其是青少年学生价值观和道德观产生的冲击，做新时代的好教师，更要用自己的仁爱之心和良好专业素养为学生全面发展、健康成长提供完善的支持。

---

① 习近平. 做党和人民满意的好老师[N]. 人民日报, 2014-09-10（02）.

② 王枬. 论教师的仁爱之心[J]. 教育研究, 2016（08）: 117-124, 144.

（二）领会理想信念对"好教师"的独特价值

理想信念是人生之"钙"，对于任何生命成长而言都具有重要的方向和动力价值，是个人行为和决策的指南，也是实现个人价值和社会贡献的动力源泉。理想信念为个人提供了生活的目标和方向，使人在面对选择和挑战时能够有明确的目标去追求，不至于迷失方向。坚定的理想信念能够激发人的内在动力，使人即使在遇到困难和挫折时也能保持积极向上的态度，不断努力和奋斗。理想信念有助于塑造个人的品格和道德标准，使人能够在日常生活中作出符合自己信念的决策，成为一个有责任感和道德感的人。理想信念是个人成长和发展的催化剂，它鼓励人们不断学习新知识，提升自我，实现自我超越。个人的理想信念往往与社会的需要和发展相联系，通过实现个人的理想，也能够为社会的进步和发展作出贡献。在人生的低谷时期，理想信念可以成为一种心理支持，帮助人渡过难关，保持乐观和希望。总之，可以形象地认为，理想信念是人生旅途中的一盏明灯，它不仅照亮前行的道路，也为个人的心灵提供温暖和力量。一个有坚定理想信念的人，更容易在生活中找到意义，实现自我价值，并对社会产生积极的影响。

对教师而言，其专业素养的要求是多样化的，但是这些专业素养不能仅仅聚焦于技术和实践领域。一个优秀的教师，首先应该是理想信念坚定的教师，理想信念在整个教师专业发展结构体系中具有核心引领价值，对教师整个职业生涯起着重要的引领、向导和动力作用。教师的本质任务是立德树人，立德树人既是专业性很强的政治工作，也是政治性很强的专业工作，既需要教师良好的专业技能，也需要教师建构崇高的职业理想和信念体系。新时代的教师必须以教育家为榜样，坚定理想信念，筑牢理想信念之"钙"，能认同并根植于中国教育改革的独特文化，才能扎根教育立德树人[①]，才能成就自我的职业理想。要涵养自己的理想信念，教师首先要有坚定的共产主义理想信念，要有传道授业的职业理想信念，也要有践行理想信念的强烈动机和多样化路径。[②]归根到底，认识到教师从事的是关系到社会发展和民族、国家的未来，关系到每个人的生命价值和每个家庭的希望与幸福的重要社会事业；形成对事业的责任感、崇高

---

① 肖正德, 谢宜珍. 新时代乡村教师理想信念教育：价值意蕴、现实问题及破解对策［J］. 中国教育学刊, 2024（03）：89-96.

② 朱丹. 论思想政治理论课教师理想信念观的三个维度［J］. 思想理论教育导刊, 2019（07）：34-37.

感和光荣感,对成为一个优秀的、成熟的教师的向往和追求。从某种意义上说,一个有坚定理想信念的教师,往往对教育的理解更加深刻,往往更能认识到自身专业发展的重要性和紧迫性,更能形成立德树人的内在自觉,更能够站在民族复兴的高度看待自己的工作,而不是仅仅把工作视作谋生的手段,这对于教师整个职业生涯的成长与发展都是极为有利的。

（三）在践行教育家精神中坚定理想信念

对教师而言,理想信念是一种精神价值层面的要求,而这种精神层面的要求集中体现在教育家精神的弘扬之上。2023 年 9 月 9 日,习近平总书记在给全国优秀教师代表的致信中,第一次明确提出并阐释了"教育家精神"。习近平总书记从理想信念、道德情操、育人智慧、躬耕态度、仁爱之心、弘道追求六方面完整阐述了中国特有的教育家精神的核心要义,用富有中国特色的话语方式呈现了新时代"教育家"的精神和风采,这不仅丰富和完善了总书记对于新时代教师队伍建设的思想体系,也构成了持续加强和改善教师队伍建设的重要遵循,具有丰富且重要的意义。从"四有好老师"到"四个引路人",从做"经师"与"人师"的统一者到成为"大先生",从培养教育家型教师到弘扬教育家精神,总书记的一系列重要讲话和指示精神成为广大教师躬耕教坛、自我完善的方向引领。对教师而言,要理解"教育家精神",就是要深刻理解把握这些不同要求之间的内在逻辑关系,把握贯穿其中的精神实质和共性要求。另外,要以教育家精神为引领,不断生成教育家精神的涵养自觉,在教育家精神的涵养中追寻自己的理想信念。从哲学的角度看,精神属于意识层面,能够对人的实践行动产生积极的影响。对教师而言,对教育精神的学习和领会,能够提升其立德树人的实践效能。从这个角度出发,在理解、阐释"教育家精神"的基础上,探究"教育家精神"的实践路径,发挥这种独特精神的实践引领价值是极为关键的。"教育家精神"是教师不断成长为"教育家"的精神力量,尽管并非每一个教师都能够成长为教育家,但是教育家的精神都能够为其成长提供精神养料。对教师而言,如何在立德树人的实践中践行教育家精神,如何用教育家精神引领自身成长,涵养"躬耕教坛,强国有我"的使命担当,这是每一个教师在实践领域都需要思考的重要命题,也是教师将自己的职业理想转化为专业行为的重要表现。

二、理想信念的校本表达

　　教育改革发展和教师队伍建设，既需要一种宏观的整体设计，也需要学校领域的微观行动设计。进入 21 世纪以来，随着教育领域对传统的外部驱动的教育改革范式的反思，走向"校本"成为一种重要的教育改革价值导向。校本的基本含义是"以学校为本""以学校为基础"，它包含三方面的具体内涵：一是为了学校，二是在学校中，三是基于学校。其主要体现在四个方面：校本研究、校本培训、校本课程和校本管理。校本正在开辟着教育的新纪元，使教育界内外都深深关注学校生活，关注学校所面临的问题。[①] 在教育研究与实践走向"校本"的整体趋势下，如何结合学校实际情况，对教师队伍建设和教师专业发展进行一种校本化设计，也成为一种流行样态。在教师队伍建设的设计与实践中，如何形成教师专业发展的精神引领，实现教师在专业发展价值、向度、内涵上与学校发展的整体和谐联动，是学校首先要思考的问题。

　　理想信念的校本表达，源自对教师精神生活的关注与追寻。精神生活既是一种重要的生产实践活动形式，也是人在实践活动中形成的产物，既重视过程，也强调结果。教师的精神生活是指教师群体在社会实践，尤其是教书育人的职业实践活动中，选择、向往和创造精神资源以满足精神需求并不断推进自身发展、超越的状态、过程与结果。[②] 对教师而言，其精神生活不仅是丰富多样的，而且构成了其专业发展的重要动力，以精神生活的提升引领教师专业发展成为当下教育环境中设计教师专业发展实践体系的重要思路。[③] 教师的精神生活，首先体现在教师的教育热情与责任感上，教师对教育事业的热爱和对学生的关怀是其精神生活的核心。一个充满热情的教师能够激发学生的学习兴趣，培养学生的创新能力和批判性思维。教师的精神生活，蕴含在教师的专业成长和自我提升中，教师需要不断学习新知识、新技能，以适应教育的发展和学生的需求。这种持续的专业成长不仅能够提升教学质量，也是教师精神生活丰富和提升的重要途径。师生之间的情感交流和人文关怀也同样彰显教师精神生活的价值，

---

① 郑金洲.走向"校本"[J].教育理论与实践，2000（06）：11-14.

② 孙清华.引领新时代教师的精神生活发展——习近平关于教师精神生活重要论述的阐释[J].四川大学学报（哲学社会科学版），2020（03）：20-26.

③ 华琴，陈光明.以精神成长引领专业发展——新时代中小学教师专业发展路径及策略探析[J].江苏教育，2018（04）：29-32.

教师与学生之间的情感交流是教育过程中不可或缺的一部分。通过建立良好的师生关系，教师能够更好地理解学生的需求，并提供个性化的指导和支持。除此之外，教师的精神生活还体现在其心理状态、社会支持、道德修养、文化审美等多个领域。具体而言，教师的工作压力往往较大，有效的心理健康管理和压力调节对于保持良好的精神状态至关重要。学校和社会应提供必要的支持，帮助教师应对工作中的挑战。教师的职业行为和道德标准对学生有着直接的影响。教师应树立正确的价值观，以身作则，成为学生学习和模仿的榜样。教师的文化素养和审美情趣能够丰富教学内容，提升教学的艺术性，同时也能够丰富教师自身的精神世界。总之，教师的精神生活是多方面的，涉及教育理念、专业能力、情感沟通、心理健康、道德修养和文化素养等多个层面。提升教师的精神生活质量，不仅能够提高教育质量，也是构建和谐校园、促进社会文明进步的重要基础。

如何丰富教师的精神生活，一方面，教师自身要深刻学习教育改革发展的相关政策，涵养健康向上的生活态度，不断净化自己的内心世界；另一方面，作为学校，作为校长，要主动建构教师精神世界与学校整体办学理念、教育哲学之间的内在关联，从学校整体的文化、价值、理念中抽象出教师的共性教育价值和理想信念，形成教师理想信念的校本表达。

（一）教师理想信念与办学理念的关系

理念，即理想和信念，是概念、观点、观念或思想及价值追求的复合体。理念是一整套的概念体系或观念体系。办学理念是学校成员对学校的理性认识、理想追求及所持教育观念的复合体，是学校自主建构起来的办学指导思想。学校办学理念的复合体结构，决定了它包含多重的关系：首先，从对学校发展的影响来看，办学理念包括学校主导的办学理念与非主导的教育理念，主导的办学理念反映了学校成员对办学的一致主张和学校发展的共同愿景，主导学校改革与发展的方向；其次，从教育专业性的角度来看，它包含校长、教师等专业人员的办学理念，以及家长、社区成员等非专业人员的办学理念，其中校长与教师的办学理念代表着学校最基本的价值观，是学校办学理念结构的价值原点；最后，从学校内部管理来看，学校办学理念主要是指校长的办学理念与教师的办学理念，其中校长的办学理念处于主导地位，起着核心作用。在学校中，校长的办学理念能把学校的办学宗旨、办学目标、办学模式、行为规范等整合成一个有机整体。①办学理念作为学校教育哲学的核心内容和学校办学价值的核心凝练，不仅对学校整体发展起着重要的价值导向和精神引领作用，其对学校教师队伍整体和个体的教育理想信念建构也能够发挥鲜明的价值。

教师的理想信念与学校的办学理念之间存在着密切的关系，它们相互影响、相互促进，共同塑造学校的教育环境和文化氛围，这种关系可以用以下几个关键词来表述：

一致与协同——当教师的理想信念与学校的办学理念高度一致时，教师更容易在教学实践中贯彻学校的教育设想，学校的办学理念也能够得到有效实施。这种一致性有助于形成统一的教育愿景，增强教育的连贯性和系统性。

引导与塑造——学校的办学理念往往会对教师的理想信念产生引导作用。学校通过明确的教育目标、价值导向和行为准则，引导教师形成与学校文化相契合的理想信念。

实践与反馈——教师的理想信念在日常教学和学生管理中得到体现，这些实践活动为学校的办学理念提供了具体的实施案例和经验反馈。通过教师的实践，学校可以检验和调整其办学理念，使其更加符合教育实际和学生需求。

激励与支持——教师的理想信念往往包含对教育事业的热爱和对学生成长的期望，这种内在动力能够激励教师在教学中不断创新和进取。学校通过提供专业发展机会、心理支持和资源保障，支持教师实现其理想信念，同时也强化了学校的办学理念。

挑战与调整——在实际工作中，教师的理想信念与学校的办学理念可能会出现不一致或冲突的情况。这时，学校需要通过沟通、培训和制度建设等方式，帮助教师调整和优化其理想信念，使其更加符合学校的办学方向。

综上所述，教师的理想信念与学校的办学理念是相辅相成的。通过建立良好的互动机制，可以促进教师与学校在教育目标、价值追求上的统一，共同推动教育事业的发展。从学校的办学理念出发，基于学校共有的价值体系塑造教师的精神世界，涵养教师的理想信念，成为一种可行的路径。

（二）三中心小学办学理念的凝练

一所学校的办学思想，可以从多维度进行设计和表达，但其中最为核心的

---

① 陈如平.如何提出和提炼学校的办学理念［J］.中小学管理，2006（10）：4-6.

是学校的师生教育价值观和发展观：教育价值观是学校在办学过程中所推崇的基本理念和奉行的行为指向与准则，是对教育的意义和学校存在价值的一种终极判断，因此，教育价值观是学校办学思想的核心要素，集中反映了学校成员对教育事务根本特征的认识与判断，它从深层次影响学校成员的思想方法与行为方式，规定和制约办学理念及其他方面内容；发展观本质上是一个哲学命题。唯物辩证法认为无论是自然界、人类社会还是人的思维都是在不断运动、变化和发展的，事物的发展具有普遍性和客观性。发展的实质就是事物的前进、上升，是新事物代替旧事物。因此，必须坚持用发展的观点看问题。在社会历史领域，发展观是一定时期经济与社会发展的需求在思想观念层面的聚焦和反映，是一个国家在发展进程中对发展及怎样发展的总的和系统的看法。确立什么样的发展观，是世界各国面临的共同课题，它也是伴随各国经济社会的演变进程而不断完善的。教育中的发展观，集中表现在我们以怎样的形式推动教育场域中的师生实现怎样的发展，它集中回答的问题是"学校具有什么使命""师生需要达成怎样的发展"以及"学校以怎样的方式承担相应的使命，促进师生的发展"。

在近 80 年的办学积淀中，三中心小学不断经历着文化的融合和创新。站在历史与现实的结合点上，打造一所人文景观自然和谐、人心积极向上、师生在教与学的互动中实现共同成长的理想学园——阳光学校，是三中心小学全体师生的共同追求。为了践行这样的教育理想，学校提出了"为了每个孩子心田的光芒"阳光学校的办学追求，并且坚定不移地遵循着"赋学生生命成长以阳光、赋教师主体价值以阳光、赋学校内涵发展以阳光"的办学理念，努力培养"胸有大志、心有大爱、学有所成、行有所能"的阳光学子，"阳光教育"成为学校办学信仰、办学思想的最核心表征。

所谓"阳光学校的教育活动"，就是教师用爱心来关怀、理解、激励学生，使他们成为"胸有大志、心有大爱、学有所成、行有所能"的一代新人的教育。这一教育活动在实践中具体表现在五个方面：

其一，提供一个适宜的成长环境，这是阳光学校育人的前提；其二，给予理解（宽容）和信任两种关爱，这是阳光教育的动力；其三，培养智商、情商、意商（指用以反映人的意志品质及其发展水平的一个概念，包括意志的自控性、果断性、坚毅性、持久性等）三种品质，这是阳光教育活动的内容；其四，做到学会关心、学会学习、学会做事、学会生存四个"学会"，这是阳光教育活动的终极目标；其五，实施德、智、体、美、合（"合育"，是以和合、中和理念为指导，对年轻一代实施和谐、合作、合群的教育，使他们既能善待自己，又能正确地对待他人、社会和整个世界）五种教育，这是阳光学校教育的途径。

我们认为："尊重""发现"和"唤醒"是阳光学校教育的核心，"用真知和真爱为学生的幸福人生奠基"是阳光教育的宗旨，"人文关怀""和合共生"是阳光教育行动的路径，赏识与激励是阳光教育最美丽的姿态。我们将从"营造一片阳光空间、搭建立体阳光舞台、组织七色阳光活动、构建多彩阳光课堂"四个方面来诠释学校实施"阳光学校教育理念"的构想。

教育理念是关于教育的应然状态的判断，是渗透了人们对教育的价值取向或价值倾向的"好教育"观念。① 在实践之中，办学理念是两种认知的复合体。一是关于"学校"的认知，即对学校组织的基本认知，如学校内涵、学校价值，它是办学理念中的根本部分。二是关于"办"的认知，即对如何经营学校的基本认知，是涉及如何经营的实务。具体而言，经营一所学校会涉及学校的育人目标、课程体系、教学模式、管理机制、校园文化、师资队伍等，办学理念应该一以贯之地体现在上述各个学校实践系统中。② 要实现这种认识和实践的科学性，就必须具有相应的理论作为依据，也就是说，学校的办学理念作为对学校办学的核心表达必定是具有科学性的，要以相应的理论为支撑，而不是一种随意的表达。"阳光教育"的理念，主要是基于以下理论的创造性思考：

其一，"阳光教育"理论。华中师范大学教育科学学院副院长、博士生导师周洪宇教授是"阳光教育"倡导者。这位积极倡导"阳光教育"的学者以"灰色教育症"来论述当前的学校教育和家庭教育："正像灰色是介于白色和黑色、亮色和暗色之间一样，学校教育和家庭教育既不是无可诘责，也不是有些人所说的一无是处，而是利弊兼存、瑕瑜互见的。"当前的"灰色教育症"存在着对国家的教育方针贯彻不力，教学内容不同程度地存在着偏、难、窄、怪的问题，教学形式与方法相对陈旧，师生关系不够和谐等弊端。这些弊端给年轻一代带来了许多不良结果：感觉钝化、疾病增多、人格扭曲、能力不强。他认为，当前的教育最缺少的恰恰就是"阳光"——"使自己阳光，给别人阳光，大家共同阳光"。阳光教育是一种面向全体学生、面向学生发展各个方面、面向学生发展整

---

① 陈桂生."教育学视界"辨析［M］.上海：华东师范大学出版社，1997：1-5.

② 牛楠森."办学理念"：概念辨析及其"诞生"［J］.中小学管理，2019（11）：28-31.

个过程的教育理念，也是一种融德于智、德智一体、德智互动的教育模式。首先，它关注一切学生的成长而非少数尖子学生的成长，关注学生一切方面的发展而非个别方面的发展，关注学生发展的整个过程而非发展的最终结果。其次，它强调教育工作者要用爱心来关怀、理解、激励学生，使他们成为性格活泼、身心健康、自立自强、合作合群的一代新人，使自己阳光，给别人阳光，大家共同阳光，体现了教育的关爱性，符合教育的内在要求。此外，阳光教育强调年轻一代要自强自立、合作合群合享，体现了教育的针对性，符合教育的现实需要。由此可见，阳光学校教育理念以马克思关于人的全面自由发展学说为渊源，本着以学生的发展为宗旨，倡导作为主体的学生自觉、自愿、自主地发展，以达到人格的完善和全面进步；以现代教育的主体性教育理论为依据，承认学生的主体地位，尊重学生的主体地位，发挥学生的主体作用，强调师生合作、以生为本，承认差异，弘扬个性，培养特长，最大限度地发挥学生的能动性和创造性，让每一个发展主体在阳光教育的浸染中成为一缕阳光，让我们的社会更加灿烂，我们的生活更加温馨，我们的明天更加辉煌。

其二，建构主义课程理论。建构主义认为，课程与教学设计的主要任务是为学生的主动学习和知识建构创设一种真实而复杂的学习环境。在建构主义所指称的学习环境中，传统意义上的教学四要素"教师""学生""教材""媒体"具有完全不同的角色意义和相互关系：教师不再是知识的权威者、传授者和灌输者，而是学生学习活动的指导者、帮助者和促进者；学生不再是知识被动的接受者和外部刺激的简单反应者，而是主动学习和积极探索的知识建构者；教材不再是教师传授知识的主要依据和载体，而是学生知识建构的认识客体和学习活动的认识对象；媒体不仅是教师的教学工具、手段和方法，更是学生学习活动的认知、交往、协作的工具、手段和资源。强调学生"主动学习"的建构主义理论为我们的阳光课堂提供了必要的策略指导。

其三，塞利格曼的积极心理学。一般认为，成功必须具备两个要素：才华和动机。然而，国际知名心理学大师、美国宾州大学心理系教授马丁·塞利格曼博士近年来认为这种看法并不完善。他认为成功更需要坚持，尤其是永不放弃的坚持，而乐观就是坚持的灵魂。对生活解释形态的选择——乐观形态抑或悲观形态——对成人的生活影响巨大。不同的选择既可使人对挫折感到沮丧，也可使人们尽享阳光的喜悦。小学生阳光心理教育课程就是以塞利格曼的积极心理学为理论依据，努力改变传统的消极心理教育方式，以积极主动乐观的心态来让学生走进阳光。

（三）办学理念与学校的教育主张

教育主张是中小学、幼儿园及其教师和校（园）长在长期的教育教学实践过程中，基于个人教育实践经历、体验、感悟、阅读及思考而形成的对教育教学工作的见解，是实践与理性思辨的产物。对教育工作者而言，教育主张的提出是他们持续积淀教育经验、迈向专业化发展的重要标志；对学校而言，教育主张则是学校办学理念和核心教育价值观的具体体现，是将学校办学理念转化为具体的办学行为的思想引领。

从上述两个维度出发，理解教育主张可以有两个角度：从人的角度看，教育主张是教育工作者在长期的教育教学实践过程中，通过深刻认知理解和回答理想教育的存在样态及实施要素的教育见解与体悟，拥有合理的教育主张是教育工作者走向专业成熟，并在专业发展领域彰显引领价值的重要体现；从学校的角度看，教育主张往往由办学主张来承载，这种主张主要是在办学过程中，校长、学校管理者和教师在系统思考与理性追问的基础上提出的富有教育思想和办学哲学的办学理想、愿景及办学样态的综合论述。①

办学理念和学校教育主张之间的关系是相辅相成、相互影响的。办学理念是学校教育工作的宏观指导思想，它为学校的发展方向和教育目标提供了框架、原则；而教育主张则是办学理念在具体教育实践中的体现和细化，它将办学理念转化为可操作的教育策略和方法。二者之间的关系可以用以下关键词进行表述：

指导与实践——办学理念是学校教育的指导思想，它为学校提供了教育的根本方向和目标。例如，一所学校的办学理念可能是"培养具有国际视野的创新型人才"。教育主张则是将这一理念具体化，转化为教育教学活动中的实际操作。例如，为了体现上述办学理念，学校的教育主张可能包括"推行双语教学""鼓励学生参与科研项目"等。

宏观与微观——办学理念通常较为宏观，它关注的是学校教育的整体性和长远性。教育主张则更为微观，它关注的是教育教学活动的具体实施和细节处理。

抽象与具体——办学理念往往是抽象的，它需要通过具体的教育主张来实

---

① 刘华贵.教育主张的形成路径及凝练要点［J］.湖北教育，2023（03）：36-37.

现。教育主张则是具体的,它将抽象的办学理念转化为具体的行动指南。

稳定与灵活——办学理念相对稳定,它代表了学校长期坚持的教育信念和价值观。教育主张则较为灵活,它可以根据教育环境和学生需求的变化进行适当的调整和优化。

对三中心小学而言,我们认为,阳光教育,即阳光学校所生成的教育,是一种让每个孩子走进阳光的教育;是充满尊重、充满理解、充满赏识、充满激励的教育;是倡导教师顺从天性、承认差异、追求阳光、包容失败的教育;是引导学生相信自己、鼓励自己、超越自己的教育;是尊重每个学生的生命特质、挖掘每个学生的生命潜能的教育。

从内涵上看,阳光教育至少应该体现在如下维度,这些理解也体现了我们的教育主张:

(1)深化并完善阳光学校的教育理念,形成较为系统的阳光学校的教育理念体系。

(2)探索阳光学校的学习模式。

(3)探索阳光学校的亮点式课堂教学模式。

(4)探索并打造阳光学校的校园文化。

(5)探索阳光学校的家、校、社区一体化的教育模式。

(6)探索阳光学校的管理策略。

(7)探索培养阳光学生、阳光教师、阳光校长、阳光团队的策略。

(8)建立符合阳光学校教育理念的适合本校学生特点的校本课程运用体系。

(9)形成符合小学生年级特点的阳光心理辅导体系。

(10)建立阳光学校的评价体系。

总而言之,作为教育理念的"阳光",是一种比喻,是一种意象,更是一种企盼和追求。我们认为:阳光学校、阳光教育的内涵是丰富的,阳光管理和阳光培训造就着阳光教师,阳光教师践行着阳光教育理念,阳光教育培养具有阳光性格的阳光少年,阳光教育行走在为快乐生命奠基的阳光大道上。

三、将办学理念融入教学主张

教学是教师的核心任务,教师的教育主张最集中、最重要的体现是教师的教学主张。从整体层面的教师理想信念要求,到学校层面的办学理念整体设计，再到教师教学主张的个性化建构，实际上形成了一种从宏观到微观的教师精神生活设计，建构了从理想信念到具体教学行为的内在关联。

从概念上说，教学主张是教师基于自身教学实践，通过经验总结和理论建构而形成的、能够发挥一定专业影响力的教学认识。在教师队伍建设的实践中，教学主张往往被视作名师区别于一般教师的显著标志，即名师一般是具有清晰科学的教学主张的教师。名师发挥专业影响力的因素和依靠是自己的专业学术造诣，而专业学术造诣就集中体现在他的教学主张上，教学主张不仅反映教师独特的教学思想和理论，而且体现教师教学专业成熟的水平，代表教师一生的专业成就。① 从实践的角度看，教学主张是名师个人成长的关键环节，引领教师从教学思考走向教学思想，从教学经验走向教学理论，使教师成为专业共同体的知识建构者，成为有影响力的专业实践者。可以说，名师与教学主张互构互成，名师的成长过程就是其教学主张提炼、形成与运用的过程。② 不论是基于教师理想的精神世界的建构，还是基于学校领域名师的有效培养，都需要关注教师的教学主张。

（一）教学主张的整体性建构

教学主张首先反映的是对教育教学工作的本质性、规律性认识，提炼教学主张其实就是教师寻找照亮自己经验的那个概念，让概念照亮经验，或者说给自己的经验命名的过程③，这种过程尽管体现了教师个人对于教育的理解，有鲜明的个体性特征，但是身处学校整体场域中的教师，在建构自己的教学主张的过程中，必然要基于学校的共性教育认知，基于对教育教学活动的整体理解。因此，为了帮助教师建构合理的教学主张，学校需要基于自身的办学理念和对教育教学活动的理解，建构一个整体的教学主张框架，集中体现学校对于课程教学的个性化理解，也为教师发展自身的个体化教学主张奠定基础。

学校整体性的教学主张建构，与学校的办学理念有内在联系，它们同属于精神和意识形态领域的建构。学校的教学主张和办学理念之间存在着密切的联系，它们共同塑造了学校的教育方向和教学实践。教学主张应当与办学理念保

① 余文森.教学主张：打开专业成长的"天眼"[J].人民教育，2015（03）：17-21.

② 金心红，龙安邦.基于教学主张的名师成长[J].教育理论与实践，2021（29）：27-31.

③ 余文森，龙安邦.提炼教学主张：名师专业成长的必修课[J].教育科学，2022（02）：22-28.

持一致,确保教学活动能够体现和实践学校的教育理念。从某种意义上说,办学理念为教学主张提供了宏观的指导,而教学主张则是办学理念在教学实践中的具体化和实施。良好的教学主张能够有效地支持办学理念的实现,而明确的办学理念则为教学主张提供了清晰的方向和目标。

三中心小学从"阳光教育"的办学理念出发,整体建构了学校教师共同认可的教育价值观,形成了学校共享的教学主张框架,这一框架涵盖:

教育观:认为教育活动是充满阳光的幸福活动,是关涉民族复兴、国家富强、家庭和个人幸福的重要活动,以新时代教育家精神感召教师,要求教师涵养立德树人的价值与使命,践行"四有好老师"标准,强化"躬耕教坛,强国有我"的内在自觉。

学生观:认为学生是学习的主体,注重培养学生的自主学习能力和创新精神,发展学生的核心素养,促进学生德智体美劳全面发展,在达成国家层面"有理想、有本领、有担当"要求的同时,塑造学校学生的个性化特色。

教师观:充分认可自己的工作,认为教师是学生学习的引导者和伙伴,打造"阳光教师"品牌,鼓励教师进行教学创新和专业发展,引导教师参与学校治理,注重培养教师适应现代教育教学活动的综合素养。

课程观:认为课程是学生发展的平台,学校要建构"阳光课程"体系,提供多样化的课程选择,注重学科交叉和实践活动,不断完善课程方案,形成支撑学生全面发展、个性成长的完整课程体系。

教学观:认为教学是课程实施的核心载体,是教师专业发展和价值实现的基本路径。倡导落实义务教育"双新"理念,积极打造"阳光课堂""阳光课桌""阳光教学",推动教学方法创新,建构指向学生核心素养培育的教学理念与方法体系。

评价观:认为评价是促进课程教学、教师发展、学生成长和学校综合改进的有效方法,倡导落实新时代教育评价改革理念,采用多元评价方式,注重学生的全面发展,鼓励学生进行自我评价和同伴评价,建构横向覆盖学生全面发展,纵向体现不同学段学生成长特征的立体评价体系。

(二)教学主张的学科性转化

教学主张既是宏观的,又是具体的,既能够体现教学的统一性,也蕴含着不同学科的具体要求。

教学主张的学科性是指在教学过程中，教师和教育工作者根据学科的特点和学生的学习需求，制定和实施教学策略、方法和内容的一种教育理念。学科性教学要求教师在教学中注重学科知识的系统性和连贯性，确保学生能够全面、深入地理解和掌握学科内容。学科性教学不仅仅是传授知识，更重要的是培养学生的学科思维和研究方法。例如，数学教学中注重逻辑推理能力的培养，语文教学中注重文学鉴赏和语言表达能力的提升。每个学科都有其独特的研究对象、方法和理论体系。学科性教学要求教师在教学中充分体现学科的特色，帮助学生建立起对学科的正确认识和兴趣。学科性教学强调培养学生的学科能力，如解决问题的能力、创新思维能力、实践操作能力等。这些能力的培养有助于学生在未来学习和工作中更好地应用学科知识。学科性教学鼓励教师将学科知识与学生的实际生活经验相结合，使学生能够将所学知识应用于实际问题的解决中，增强学习的实用性和趣味性。总之，学科性教学是一种以学科为核心，注重知识体系、方法论、特色体现和能力培养的教学模式，旨在帮助学生全面发展，为其未来的学习和生活打下坚实的基础。教学主张的学科属性，意味着学校在整体建构教学主张的同时，也要引导各学科通过学科组集体教研的方式，建构属于学科的独特教学主张体系。

以三中心小学数学学科组为例，该学科组基于学校整体的教学主张，着眼数学新课标的落实要求和学生数学核心素养的培育需要，围绕"提升小学生数学表达能力"这一命题开展针对性研讨，形成了基于这一问题的学科教学主张，开发了相应的评价体系，以下是集体教研过程：

"提升小学生数学表达能力"的研究及其教学评价主张

"提升小学生数学表达能力的循证研究"是近一年来我们数学团队教学反思行动的主题，现就我们新一轮的循证研究的成果和大家做分享。

首先，回顾一下我们的循证研究所经历的几个阶段：

第一阶段：酝酿并确立课题。也就是为什么研究

（1）源于对数学表达重要性的认识。

（2）源于我校学生在数学学习上的问题。

第二阶段：开展第一轮的循证研究

研究内容之一：寻找理论依据

（1）从创新教育理论角度看，培养学生数学语言，能创建一个无权威束缚

和民主自由的环境，为学生的创新性学习提供机会，只有培养学生数学语言，才能改变一言堂、满堂灌的教学方式，才能激发学生学习的热情和学习兴趣，增强学生创新精神，提高创新能力。

（2）从人的全面发展观点看，教育的根本目的在于促进学生发展，发展的目的，应着眼于主体性的生成和潜能的开发，培养学生数学语言表达，能体现面向全体学生，全面而具有个性的发展，也能为每个学生提供参与机会，使他们在参与中得到充分的发展。

（3）美国教育心理学家和教育家布鲁纳指出："一旦儿童能使语言内化为认识的工具，就能用比以前更有效而灵活的方式将经验和规律表现出来，并加以系统转换。"因此，培养学生的数学语言表达能力，既可以使知识得到内化，又能促进思维的发展。

（4）语言不仅是思维的工具，也是内部智力活动的工具。学生掌握知识必须通过语言。苏联心理学家加里培林的智力形成学说认为，智力的发展要经过活动的定向阶段、物质化阶段、出声的外部言语阶段、无声的外部言语阶段、内部语言阶段。著名心理学家皮亚杰则明确指出，语言是智力发展的促进者。

研究内容之二：制定研究的目标和内容

（1）通过调查和研究，找出影响我校学生数学语言口头表达能力普遍偏弱的主要原因，并做出相应的对策。

（2）经过培养和探索，使学生的数学语言准确、简练而有条理。促进语言和思维的完整性、条理性、敏捷性的发展，让学生数学语言的口头表述能力和思维能力都得到发展。

（3）通过培养学生的数学语言，使课堂教学模式得到优化，充分发挥学生的主体能动性，增强学生的参与、交流、合作意识，激发学生学习积极性，提高课堂教学效果。

（4）使教师形成正确的教学观，从旧的教学思想中解脱出来，强化教改意识，真正体现"新课程标准"的精神，不断提高课堂教学质量。

数学语言讲究的是完整性、准确性、条理性、简洁性、严谨性、逻辑性和思维性，这些特性为我们确立整体设计、规划数学语言训练的框架体系奠定基础，我们从不同学段、用不同要求确定数学表达能力的方向，以及培养的目的，依据目标确立分年段培养内容。

一年级：培养低年级学生课堂口头表述的能力——凸显"完整性"。

二年级：合理运用数学语言培养学生表达能力——凸显"完整性、准确性"。

三年级：以任务驱动为载体，提升学生数学语言表达能力——凸显"条理性、简洁性"。

四年级：合理运用数学语言表达思维过程的能力——凸显"简洁性、严谨性"。

五年级：培养高年级学生逻辑表达能力——凸显"逻辑性、思维性"。

研究内容之三：开展课堂循证实践

1. 顶层设计，构建目标框架

（1）能力要求的框架。围绕小学阶段数学四大领域有关表达方面的总要求，构建了我们学校数学语言表达能力要求框架：

<h3 style="text-align:center">小学数学语言表达能力要求和教学主张</h3>

领域	学段	学生能力要求与教师学科教学主张
数与代数	低年级	会说简单的算理、计算过程，基本的数学概念。能运用数及数的运算解决生活中的简单问题，并能对结果的实际意义作出解释。
	中年级	会清楚述说算理、计算过程，有关数学概念、法则以及公式的来源。经历与同伴交流各自算法的过程。在参与数学活动中，发展合情推理和演绎推理能力，清楚地表达自己的想法。
	高年级	会条理清楚地叙说算理、计算过程、数学概念、法则以及公式的来源。在课堂教学中复述计算过程和概念的形成过程。学会与他人合作交流。
统计与概念	低年级	了解调查、测量等收集数据的方法，并能用自己的方式（文字、图画等）呈现数据的结果。会对数据作简单分析。
	中年级	会运用调查、测量等的方法收集数据，并能用自己的方式（文字、图画、表格等）呈现数据的结果。会对数据作准确分析。
	高年级	通过对数据的简单分析，体会运用数据表达与交流的作用，感受数据蕴含的信息。会描述收集和整理数据的方法，能根据数据作出分析和简单判断，并能用准确的数学语言表述可能性事件。

（续表）

领域	学段	学生能力要求与教师学科教学主张
实践与综合应用	低年级	能运用数解决生活中的简单问题，并能对结果作出简单说明。
	中年级	能运用数及数的运算解决生活中的问题，并能说出对某一问题的分析过程，对结果的实际意义作出解释。
	高年级	能运用数学概念、数量关系、数的运算等说清自己对某一问题的分析过程，解题的思路、方法，对自己的推理和思想进行合理解释。
空间和图形	低年级	重视观察和操作过程，能说出图形的基本特征。能对简单几何体和图形进行分类，并能说清分类的依据。
	中年级	重视探究过程，会正确表述图形和几何体的特征。结合实例认识图形的面积和周长，并能正确描述其概念及计算公式的推导过程。
	高年级	重视学生参与公式的推导过程，对各种图形的特征及图形之间的内在联系有清晰的认识，让学生通过实际操作，口述公式推导过程，把知识的获得与发展数学语言有机结合起来。

（2）评价要求的框架。构建了评价要求框架，我们分学段，围绕评价要求、评价标准以及教师操作提示构建起评价框架：

小学数学语言表达评价要求及评价主张

学段	评价要求	评价标准	教师操作提示
低年级	完整性正确性	自信，站姿端正，积极发言，声音响亮，口齿清楚，回答完整正确。	（1）教学生从一个词一个词地讲到一句话一句话地说，从讲一个正确的数学名词到讲一句完整的话，再逐步发展到说一段完整的话，教师示范、引导学生正确使用数学概念、数学术语，描述数学现象，揭示数学问题。 （2）借助几个系列性的问题引导学生思考、表达，可以将各个问题的结果串起来，形成一段完整的话。 （3）给出表述数学问题的模式，提供一些启示性的关联词语、纽带词语，让学生据此进行语言训练。

（续表）

学段	评价要求	评价标准	教师操作提示
中年级	条理性 简洁性 严谨性	积极发言，能自信、简洁地说清自己的观点。	（1）规范有条理的语言表达。在数学知识的重点、难点、关键处设计填空，在让学生填空的地方有意识地停顿，以减缓数学语言训练的坡度。 （2）引导学生注意叙述的前因后果，上下连贯，把数学现象、思维过程描述得完整、严密、合乎逻辑。 （3）引导学生说题意、说思路、说策略，理解数学知识结构，培养学生思维的系统性和条理性。 （4）通过动手操作、动脑思考，引导学生用语言来表达操作、思考的过程，强化操作引起的形象思维，培养学生思维的条理性。
高年级	逻辑性 思维性	能积极主动发言，能把话说清楚、说完整，并有自己的主见。	（1）抓住精确的数学语言与用词，会读数学，会写数学，会说数学。 （2）会看图，用准确简练的数学语言，有条理、有根据地叙述公式的推导过程。

2. 分段实践，作了一些尝试

（1）进行了大量的问卷调查与分析。

开展问卷和访谈，以及课前、课中、课后的调查、对比、研究。

（2）课前研究教材，设计一个个小任务，引领学生在探究知识的过程中学会表达。

（3）归类、整理本册教材中可训练培养的知识点。

（4）每节课寻找语言训练点，并设计了语言表达手册、图册。

（5）寻找行之有效的培养策略，如数学阅读、学习档案，融入学科活动之中。

第三阶段：启动第二轮的循证研究

来自反思实践中的新问题

在目标的引领下、组长的带领规划下，教师们共同实践，在课堂中学生的表达能力有了可喜的变化。然而在课题反思循证的实践中,我们也发现了新问题,如,数学阅读的选择具有一定的随意性,没有形成一个系列。面向学生的数学语言表达推送手册,限制了学生个性化的表达……

数学老师们又是如何进一步反思,找到适合不同学段学生提升表达能力的有效策略的呢?我们将通过今天的分享,让大家了解我们第二轮循证研究开展的情况,也期待在后续研究中有更多的发现,形成更多可共享的学科教学主张。

教学主张具有学科性,常常通过学科教研活动进行总结凝练,这种总结凝练,有时候指向学科教学的普遍性要求,有时候聚焦于某些维度、某些特定内容的教学。在这种学科的探索基础上,三中心小学注重将学科共同关注的普遍性问题及其生成的教学主张再进行学校层面的统一整合,形成可供不同学科参考的共同经验,这也进一步丰富了学校和教师的教学主张体系。比如,"减负增效"是"双新""双减"政策背景下各学科都普遍关注的命题,学校将各学科的探索整合在一起,形成了关于"减负增效"的共同学科教学主张,不仅有效推动了"减负增效"的落实,也提升了学校在课程教学改革中的整体知名度和影响力。

静安区闸北第三中心小学"减负增效"的共同教学主张

1. 用心备好、上好每堂课

(1)钻研教材,把握好教材的重点、难点以及教材拓展的宽度和深度,设计好适合本班学生的教学思路,提高35分钟的上课效率。

(2)作好充分的课前准备:教师用的教具、学生用的学具。

(3)注重良好的学习习惯与班级学习风气的培养。

(4)认真及时地进行教学反思,通过教学反思提高自身的教学能力和教学水平。

2. 精心设计作业练习

(1)在"质"上狠下功夫,在"量"上有效控制,在"难度"上作好把控。

① 布置作业时,做到精心设计作业,不得布置超越学生能力范围的作业,不得布置要求家长完成或需要家长帮助的作业。

② 不组织学生购买教辅材料,不得要求家长通过网络下载并打印作业;老师精心挑选、设计本课和本单元的习题,不得设计超越学生能力范围的练习。

③ 每天的作业量要严格执行学校"三控"制度:教师自控、班主任调控、

教研组监控。不得用 QQ、微信等方式向家长布置作业。一、二年级不布置书面回家作业，三、四、五年级作业总量不得超过 1 小时。

（2）分层练习、弹性作业。

① 布置给学生的练习，教师须事先做一遍，避免难题、偏题。

② 注重学生良好学习态度的培养，对不同能力水平的学生进行分层练习，倡导教师设计分层练习，适应不同学生的能力水平。

3. 仔细认真批阅作业

（1）作业批改必须由教师完成，不得要求家长批改或纠正孩子的作业错误。

（2）教师认真批阅学生每次作业，有恰当的激励性评价。

4. 耐心做好抓差补缺工作

（1）对个别学困生进行有针对性的爱心辅导。

（2）多与学生进行沟通交流，从思想上端正其态度，对其进行正确引导。

（三）教学主张的个体性塑造

教有法，但无定法，教学主张体现了教师个体对于教学的独特经验、个性认知和整体特色，具有鲜明的本体性特征。因此，培养教师的教育理想信念，落实学校的办学思想，最重要的是塑造教师个体的教学主张。随着教学阅历的不断丰富，教师对各种教育现象及问题会产生自己独特的看法及思考，也积累了不少应对教育问题的对策。一般情况下，大多数中小学教师的教育经验较为零散，缺乏思想深度。一名教师即使著作等身，荣誉无数，如果缺乏自己的教学主张，在专业上，他依然是一个无"家"可归的"流浪汉"。教学主张的核心价值在于其能激发教师的理性自觉。教师探寻与完善教学主张的过程，是理性自觉不断苏醒的过程。[①]在现代教育专业发展的实践体系，特别是高水平教师队伍的整体打造中，教师个体教学主张的塑造越来越受到重视。教学主张为教师提供了明确的教学理念和方法论，帮助教师在日常教学中更有方向和策略。教学主张促使教师不断反思自己的教学实践，通过对比和评估，教师可以发现自己的不足并进行改进。这种反思过程是教师专业成长的关键。当教师明确并坚持自己的教学主张时，他们更容易在专业领域内建立自己的身份和地位。这种专业认同感可以增强教师的工作满意度和职业稳定性。教学主张往往包含对传

---

① 丁华锋，刘华贵. 中小学名师教学主张的价值及形成路径［J］.湖北教育，2024（07）：23-24.

统教学方法的挑战和创新。教师在实践自己的教学主张时，会不断尝试新的教学策略和技术，这有助于推动教育领域的创新发展。明确和实施教学主张有助于教师更系统地规划和执行教学活动，从而提高教学效果和学生的学习效果。持有相似教学主张的教师往往会形成专业学习共同体，他们通过交流和合作，共同探讨教学问题，分享教学资源，这有助于提升整个教师群体的专业水平。整体而言，教学主张不仅是教师个人教学理念的体现，也是推动教师专业发展的重要动力。通过坚持和实践自己的教学主张，教师可以在专业成长的道路上不断前进，为学生的全面发展提供更高质量的教育。

如何帮助教师塑造个体的教学主张，是学校管理者必须认真思考的重要命题。从理论的角度看，教师是其教学主张凝练和生成的首要主体。教师自主提炼教学主张的方式有抽取教学实践知识、澄清教学观念系统、外显教学活动图式。教师自主提炼教学主张的流程包含厘定方向、提取概念、建构语义、拓展模式、检测理论。教师自主提炼教学主张的条件包括教学经验持续增长、自觉学习有关理论、采取教学学术研究、不断进行言语表达和获得适切的专业指导等。[①] 基于教师对于其教学主张形成的主体性价值，在三中心小学的实践中，我们着重依靠教师的自觉反思，引导教师结合共性的教师队伍建设要求、学校整体的办学理念和独特文化，融合对学科教学的思考和对个体特征的把握，基于现实故事反思教学主张生成模式。以下就是我校教师通过个体反思、集体反思等方式不断生成和优化教学主张的故事：

从田径比赛看体育教师的责任与担当

每当我从阳光大道走过，伴随着朝阳闪过眼眸，思绪就会飘回刚刚的田径训练时光。也是在这个时间，穿着紧身训练服的孩子们，以及正在准备着训练器械的体育组老师们的身影，构成了清晨学校最美的风景。

2016年体育联赛田径比赛我校失利，作为一所曾经的上海市体育田径特色学校，我们沮丧而又无奈。没有师资、没有好的苗子……这些都成为我们可以自我安慰的理由。但是体育教师骨子里不服输的基因，让这些理由并没有发挥出安慰的作用。没有好的师资——难道我们差吗？没有好的苗子——难道我们不能培养吗？我们曾经多年蝉联上海市小学组各项田径比赛前几名的辉煌，难

---

① 王天平.教师自主提炼教学主张的方法［J］.课程·教材·教法，2022（07）：147-153.

道仅仅依靠的是师资和生源吗？一个个问题叩问着我们体育组的每一名教师。"我就不信我们不行，明年一定进前三！"陈老大一声令下，就有了我们的奋斗目标，有了我们后来的团队行动。我们不想只是作为一个参与者去完成任务式的参赛，我们更想在这个赛场上展示出阳光学校师生的一种能量。也正因为这股能量，才有了后来连续三年包揽全区冠亚季军的纪录，三座奖杯里承载的不仅仅是荣誉，更多的是一份坚持、一份责任和一份沉甸甸的付出。这是我们的骄傲！

阳光洒满校园的早晨，十多个孩子在所有体育教师的带领下如期开展每年两个月的集训活动。一连几年无论严寒酷暑，无论刮风下雨，甚至是在小雨过后的操场上，我们坚持着、坚守着。我们大多不是田径科班出身，但在组长陈庆峰老师的带领下，我们不断学习，不断总结归纳，找到最合适的体育训练方法，反思体育训练后的效果与得失。我们制定了详细的训练要求和日程表，诸如把握合理运动负荷原则，促进运动技能不断提高方案、超量恢复方法、因材施教策略等。我们还将测试成绩与几年比赛成绩相对比，并制定合理的比赛战术，根据每年田径队员的身心特点量身定制训练方案。我们试图用专业的精神、科学的方法来促进水平的提升。记得有一次半夜，陈老师的孩子病了，高烧不退，需要去医院吊盐水，早晨训练无法按时赶到，他在群里说了一句："我会晚点到。"所有人异口同声："老大，没事，有我们呢。"结果第二天早上组内所有人都不约而同提前10分钟到校。这就是我们的体育团队，心有灵犀的团队，互帮互助的团队。

光有好将军难有常胜之师，队员们才是比赛的主角。每天训练40分钟，并不是每个孩子的家长都支持的，往往今天小王感冒，明天小李不舒服，训练之后身体疲劳，肌肉酸痛，打退堂鼓的亦不在少数。这时候每个体育教师都会找到自己班的孩子给予鼓励，与家长多加沟通也尤为关键。记得五年级的朱麒润同学，瘦瘦高高的，腼腆的他很少说话，训练了短短两个月后，一天早训练的时候陈老师发现他动作变形，不敢把实心球从肩部推出，就问他是否受伤了，孩子的眼睛立即就红了……原来这段时间的训练每天早上他都起不来，但妈妈每天都很早叫他起床，妈妈是新中中学的体育老师，在家常常纠正他的投掷动作，一段时间后，他的运动成绩突飞猛进，不过肩部也被磨得红肿。两个月后，他每天起床再也不用妈妈叫了，身上的骄娇二气也少了很多。成绩稳步提升，老师们都夸他进步很大，我想我们总是教育孩子要坚韧不拔，真切的感受才能让孩子真正明白什么是坚韧不拔。

全能冠军！投掷男子单项第二！200米单项第六！跳远女子第二名……一项项成绩积累在一起使我们学校在比赛过半时，总分已经位于小学组第一名。关键的接力赛开始，该项目有3倍积分，只要小组不掉棒，取得该项目前6名，我们就是今年的总成绩冠军。见证奇迹的时刻到来了！体育组老师全部到位，只为最后的成功。比赛开始了……

事在人为，成败在天。也许这就是竞技体育的残酷。随着最后一棒的交接失误，我们阴差阳错地和冠军失之交臂。一声叹息，两个大哭的孩子……只要接住棒就是第一的最后一棒，掉棒了！虽然遗憾，但我们不忍心去责怪，我们流着泪去安慰孩子们，"没关系，你们是最棒的！""你们尽力了！"是的，虽然和冠军失之交臂，但我们却收获了满满的温暖。温暖来自我们的体育团队，彼此间的相互鼓励支持；温暖来自家长，两天的比赛得到一群热心的家长志愿者的协助；温暖来自学校，训练时的免费早餐，以及比赛的车辆安排。温暖入心，让我们忘记了辛苦，忘记了失利的遗憾。一幕幕感动的瞬间闪烁在我们眼前。那手臂骨折打着石膏在赛场上奔跑的身影，那贴着退烧贴坚持参赛的孩子……一下子模糊了大家的双眼，正如校长说的，只要有精神在，就有无限可能在，就有无限希望在！

阳光校园，体育之光洒满每个孩子心田。幸福感留存于每个孩子的一生。毕业的孩子常常来到母校，他们中很多人还会提及小学田径比赛的经历，以及在学校学到的本领。

一年级3班的女生小艾，跳绳一个也跳不过去，经常是别人跳绳，她在边上偷偷地哭。当体育爱心班第7次课结束时，她兴奋地扑向妈妈的怀抱，大声地喊着："我会跳绳了！我能连跳两个了！"妈妈的脸上瞬间绽放灿烂的笑容，一幅最美的画呈现在我们面前。

如果你还认为小学的体育课是休闲课，是游戏玩耍课，那就大错特错了。我们体育备课的要求是预设问题，关注运动量、运动技巧与方法。国家要求"德智体美劳"五育并举，而体育锻炼已经融入了其他"四育"：

以体辅德，体育强调顽强拼搏的精神、强调积极协作的团队精神，强调对学生进行规则教育与指导，从而逐步迁移到现实社会生活中，形成道德建立的基础。

以体益智，运动对于学生脑神经的发育是有极大促进作用的。而运动产生的多巴胺有助于积极情绪的产生，以及记忆力的提高。

以体塑美，体育中的力量美、形体美，促进学生对健康美的认识。

以体促劳，体育运动让学生学会自我管理，自己的任务自己规划，自己的事情自己处理，这也是劳动教育所提倡的。

对于每一名体育教师而言，做到"体中育人"责无旁贷。我们是"操场上的农民工兄弟"，阳光的照射下，我们拥有黝黑健康的肤色，并且声如洪钟，但是我们甘之如饴，因为出大力、流大汗，只为每一个孩子在阳光下健康快乐成长！

（选自三中心小学陈庆锋老师的发言）

三十而立
——一个二线教师的教育情怀

我，一个普通教师，一个教龄达 31 年零四个月的老教师。对于人生而言，"三十而立"，是指人生开始进入有所成就的阶段。而对于拿到三十年教龄证书的教师而言，已经是满载着教育的回忆，就像一桌菜，有幸福的滋味、难过的滋味、遗憾的滋味……也正因为甜酸苦辣的交集，才令人回味无穷。

回首这 31 年，我有过 12 年的语文教师和班主任经历，也有过学校的专职心理教师和青保专管员的经历。因为喜欢研究心理教育，我曾参加过区心理健康课的教学评比，也参编了上海市《小学生心理健康自助手册》。之后两校合并，因为工作的需要，学校让我兼任了卫生保健教师的工作，没想到一做就是 19 年，兼任变成了专任。后来随着绩效工资的改革，取消了结构工资对我 1.5 工作量系数的认定，我成了二线教师，工作量系数为 0.85。那段时间我很消沉，也很不甘心。好在骨子里对教育的爱、对孩子的爱让我很快走出了低谷。作为教师，在学校里，不论在哪个岗位，都是在做教育、在培养学生。那么，我就在不同的岗位上好好工作，对得起这份薪水，争取做出特色，证明自己的价值吧！

就是凭着这样的一股韧劲，在后来的十年里，我开创了"小小男子汉　父子大课堂""笑迎花季　母女课堂"系列课程，并两次在市级男生教育现场会上进行展示，也正是因为这样的坚持，让我拥有了"上海市教育和心理专业中学高级教师"的职称，并出版了两本专著。

对于一个从教 30 年的教师而言，身上一定会有教育的基因存在，这个基因埋在你的骨子里，会让你知道什么应该做，什么不应该做，什么想要做，并且想要做到最好。我想我的教育基因就是喜欢孩子、做事认真、喜欢自我挑战。

前些年，学校招募"今天我当家"课程教师，对于我这个二线教师而言，这类课属于可上可不上。或许是对讲台的留恋，我还是报名了。"中华小当家"社团也很快成为热门，听课名额总是在第一时间被秒完，甚至还有找关系想要开后门来上课的"小条子"，着实让我得意了一把。但一个学期后，校长找到我，提出新要求："中华小当家"社团不能只停留在一般的吃吃玩玩的初级阶段，要体现课程化，要体现课程的育人功能。这才是真正让孩子们受益的好社团。于是要带领孩子们从"有的吃"到"吃出健康"的念头又浮现在我的脑海之中。好在教育是相通的，我把之前设计男女生课堂的成功经验作了迁移、复刻和新一轮的研究、探索：每学期的第一堂课，我们定下的目标就是不做"吃货"、做"美食家"，不做"伸手派"、做"行动派"，遵守规则、保障安全、保持礼仪、吃有吃相、学会合作、懂得分享。用刀安全有讲究，物品用后摆放有规定，食堂师傅提供协助，我们要真诚致谢……几年来，社团活动零事故，生活态度、厨艺水平节节高。

我们不能预设孩子们的未来，但我们知道他们以后总要独立生活，需要具备基本的生活能力。无论在他未来的生涯规划中是否把做一名厨师作为职业方向，他们在"中华小当家"社团可以学会如何照顾好自己的胃。我每周给学员一份随着季节变换而更新的任务单，让他们在观察记录、计算搭配、动手操作的过程中有科学、常识、数学、语文、劳技等全学科打通的体验：我带着学员们去超市、菜场分组调研，教他们日常的厨房技能。开放学习的过程中，学员们在询价、采购、洗切、煎炸熬煮的同时掌握生活常识，见证食材从最初的模样到成为盘中餐的神奇变化，感恩大自然的赐予和长辈为哺育他们而付出的辛劳，培养耐心、细致、韧劲，学会等待，懂得谦让，张弛有度。

作为一名曾经的语文教师，我保持着对于写作素材的敏感度，于是，鼓励学员们记录学习过程和体验。他们的多篇小练笔被我推荐发表在东方少年报上，提高了他们的自信心和写作兴趣。我还是个爱分享的社团带领者，学员们的更多学习经历被我整理成同龄人的学习教材：2016、2017连续两年暑假，少年报微信公众号为我们设立了《少年料理人》板块，每个周末一道美食，教小伙伴们学做小厨神。

就这样，我用了近七年的时间深耕这个学生社团："中华小当家"被评为上海市中小学校"食育"研究优秀案例；我曾带领社团成员和厨神刘一帆老师同台分享；多次被上海新闻广播、青年报、东方少年报、少年报、晨报教育官微"上海升学"平台、团市委和少工委官微"萌动上海"采访报道。

　　七年的研究与探索，使我进一步思考教育的含义：学习，是对未知的好奇和探索，它可以发生在生命的每一个阶段，不论际遇好坏、成就高低、成功与否，每一段经历都可能有滋养与支撑我们的养分、力量；学生，就应该拥有安全健康的成长环境、可以信赖与合作的学习伙伴，在他们走过阳光的童年后，可以有力量无惧未来、爱我所爱、行我所愿。当然，最重要的是无论你是一线教师还是二线教师，只要你有对教育的爱、对学生的爱，在任何角落你都会发光。

　　有了这份感悟，我又在每周一中午的健康广播中开辟了"小主播"平台，内容上采用规定与自选相结合。不论年级高低，只要是有服务心、愿意和大家分享健康理念和成长故事的孩子，都有机会站到话筒前成为小主播。通过"小主播"平台的锻炼，胆小的孩子自信了，更重要的是所有的小主播都明白了，成为小主播，不仅是一份荣誉的获得，更是一次为小伙伴们服务的落实。每一期小主播的讲稿和PPT都是要经我把关的，退稿、反反复复地磨稿也是家常便饭。工作量增大了，但我却忙得不亦乐乎，因为我品味着与孩子们共同努力的成果。

　　2017学年，我还开设了个人教育公众号"来秀说"，很多人不理解我这个年龄的人为什么还要自找麻烦。因为我的教育基因：爱教育、喜欢自我挑战。因为爱教育，我用建立电子档案的方式让工作留痕，不为别的，没有功利，只因为这些记忆太美好，不舍得忘记。

　　在我的认知中，做一件事，不是为了给谁看，但是一定会有人在看。我怎么做，不是为了要谁给我一个好评，只是为了一份心安、一份共同成长的喜悦、一份和家长们交流碰撞出火花时的心灵激荡及教育目标一致所产生的同频共振的喜悦，又或者是在求同存异时的那份尊重与被尊重的尊严感。仔细看，不难发现这些能够留存的、发展的、沉淀的、成熟的、可以称为精品的项目，都是用了很多年时间、很多轮的进化才达成的。一直坚信、依然坚定：一件事，看准了方向，就去做，去坚持，去改良，然后，就有了很多"然后"……

　　最后想说：教育和自我教育、学生的成长和教师的自我成长都是个慢活儿，不仅对学生要耐心和坚持，对自己的职业规划、专业发展与成长同样需要耐心和坚持，慢慢打磨、细细梳理，清楚地知道自己要做什么、怎么做、能做到哪个点位。我爱小学教师这份工作，很享受它带给我的年轻心态、爱与被爱的能力、强大的活力和张力。

（选自三中心小学陈来秀老师的发言）

我和他的不解之缘

他，有一个很文雅的名字——景霖，他是我们班上跟我最"亲近"的孩子。为什么这么说呢？不是因为他特别喜欢我，和我特别亲密，而是我们俩天天坐得最近，待的时间最长。他上课捣蛋，下课打人，作业不交，还常常撒谎，颠倒是非，他时常与同学发生摩擦，造成的不良后果总是要让我投入更多的精力去处理。

一个孩子的成长总是留有家庭环境或者家庭教育的痕迹。景霖的妈妈一个人带着他在上海生活，作为社会的弱势群体，她的自我保护意识很强，也时常表现出喜怒无常。她一会儿轻声细语地喊儿子"小霖霖"，一会儿又拿棍子对景霖一顿暴打。加上景霖被诊断出有严重注意力缺陷，更让妈妈生怕受到歧视，像只刺猬一样，和所有人的交谈中都带着满满的"戒心"。

刚开始接触他们母子俩的时候，我还凭自己的经验，觉得让景霖和他妈妈沟通时只要好好说、慢慢说，总能说通的。没想到并非如此。景霖妈妈喜怒无常的行为造成了景霖的不可理喻。做错事情坚决不承认，即便在证据面前也要狡辩……我和他陷入了猫捉老鼠的怪圈。同时他的行为也引起班上很多家长的不满，而在后续的沟通中，随着景霖妈妈态度逐渐强硬，家长们也对她颇有微词。就这样，这对母子成为班级里的孤立人群，而我也产生了一看到景霖妈妈的来电就心跳加速的生理反应。

面对僵局，总得寻找破局之路。解铃还须系铃人，景霖之所以发展到现在这个状态，和他妈妈的家庭教育方式有着很大的关系，所以我决定从他妈妈这里找到突破口。主要使用了这样三个策略来破局：

第一招：强化自我

很多时候我们在与比自己强势的人或群体交往时都有不自觉的回避倾向，因为对方的强势会对你的尊严、你的自我认同形成挑战，这就会让人感觉很不舒服。尤其是老师，自己平常也比较习惯于以强势的方式出现，对自尊、自我价值看得很重，遇到挑战时情绪反应也就会更为激烈，如果带着这样的情绪进行交流，那么往往就很容易失去冷静、引发冲突。

教育景霖时，我试着改变方法，每次面对他激情的表述、编造的事实，我努力安静地听完，克制住情绪，时刻提醒自己冷静，我不能被他的情绪影响，那样会失去专业的判断。但是我也不会任由他发泄情绪，在他说完之后，还是要和他说通道理，向他表述我调查后所掌握的情况，不论他如何回复，我始终坚持我的想法，慢慢说，慢慢磨，不解决不回家，直到他认识到自己的错误为止。他谎称要上厕所躲进厕所，我就在门口等半小时，等他自己待不住走出来。他拿了别人的书，藏在衣服里，我不管他说什么，我就反复跟他讲同一句话："你拿出来"，最后他扛不住了，一脸不耐烦地拿了出来。现在他似乎也有点忌惮我跟他谈心了，也许是因为犟着太累了，也许是因为听到念经式的回答太无趣了，在他无心恋战的时候，就会说："我无可奉告"，每次听到这句话我就想笑，我知道，我又成功了。如果我再多加一句，一般他就会说："知道了，知道了。"

当然，对于他的小小进步，也需要及时鼓励和加固。他喜欢阅读，如果上课不捣蛋，下课就请他看书，他的知识面其实很广，阅读的兴趣很大，什么书都能看，有时书看完了，我来不及准备新书，给他一张解放日报，他也可以旁若无人地看得津津有味。看书时候的他和平时简直判若两人，此刻如果配上阳光与秋叶，不失为一道美丽的风景。

第二招：主动沟通

不能因为怕麻烦就逃避，因为你越怕什么就越来什么，这就是墨菲定律。

与景霖妈妈要达成合作共识相对困难，因为她更习惯于认同自己，不容易接受意见作出改变。此时就需要我主动出击，不改变就很容易使合作陷入僵局。

景霖妈妈始终担心他和同学相处不好，没有人喜欢他。我说他也有和同学玩得开心的时候，他妈妈会说那是因为老师在。我说他的鞋带松了，有同学主动蹲下来帮他系，他妈妈会说那也不是真的帮他，而是那位同学想表现出自己有多么优秀……任凭你举多少例子，她都是很消极地回复。

景霖一旦出现行为问题，景霖妈妈就不让他来学校读书，把他关在家里反省，以此简单粗暴的方式来吓景霖，来惩罚他。有几次在我的劝说下把孩子送来了，也有时挂断我电话，我的劝解统统不听。后来还是我和陈来秀老师上门，去把孩子接回学校上课。后来发展到景霖时常"头晕"不舒服，迟到一小时，或者跟他妈妈说不想去学校，就赖学了。我反复催促她送孩子来上学，她让我不要管这件事了，这个孩子管不好了，还叫我好好上班。我是又好气又好笑。然而，这才是她更需要我帮助的时刻。

在这种情况下，我强调家长应该是解决自己孩子问题的专家，家长不仅应该知道什么可以做，什么不可以做，而且应该把注意的焦点多放在自己的孩子身上，从成功的事件上总结经验，扩展开去。

多看看他好的地方，例如下课他不文明休息，我就每节下课给他布置任务，有时是读一篇文章，有时是一段语句摘录……并且把他的摘录本给同学们看，也给他妈妈看，字写得又端正又漂亮。

他偷吃了同学的点心，第二天妈妈让他带了一个来还给同学。同学等了一天，他都没给，放学时我以为他肯定自己吃了，刚问了一句，他突然想起来了，说"我没吃，我没吃"，从书包里把面包拿出来。虽然已经被书压扁了，也没有还给那位同学，但是他的小小进步我也是在妈妈面前大大表扬了一番。这不仅是给景霖鼓励，也是给景霖妈妈鼓励，让她一步步走近我，认同我的方法，配合我的教育。

现在，几乎每天我都要和景霖妈妈联系，事无巨细。

她有时问我，哪里有那么多的时间管他，我会说，老师都能花那么多时间去陪伴他，你作为他的妈妈怎么就不能花时间教育他呢？过了一晚她就发了长文给我，点点滴滴建立起来的信任才能让她放下过度的戒备心，我才能更好地开展工作。

第三招：正视差异

与景霖妈妈相处时，我也认识到老师与家长在对待孩子的问题上确实存在差异。比如，老师看待学生的问题更多地从全体的角度来看，关注的是公平和影响；而家长则更多地从个体的角度出发，关注的是自己孩子。育人的标准要统一，才能确保孩子得到正确的引导。

有一次景霖捡到同学东西不还，他的妈妈反驳我，认为他没有什么错，他只是不知道是谁的东西，拿回家玩了而已。而我却认为，在班级里捡的东西都是有主人的，一个主人是"自己"，另一个主人就是"别人"，不是你的就是别人的，别人的东西就应该交给老师。为了这件事，我和她沟通了很久，最终得到她的认可。

我觉得有时候班主任就是需要突破自我的心理局限，不把家长对自己的挑战看成无理取闹。虽然景霖妈妈说话很冲，但这也是沟通的一种。从心里认同与强势的家长交流是在促进我们成长，因为家长的强势，所以与她交谈时，我考虑得要更全面，更需要以平等的姿态进行交流，而这也会提升我处理问题的能力，提高家校沟通的效率和效果。现在她妈妈对我稍微温柔了一点。

现在的景霖也在慢慢转变，给他一本书，他能静静阅读。有时他忍不住要去校园游荡，我一声呼唤，他也不反抗，跟我回来。课间，他能在我的督促下订正几道题目，虽不能说有质的飞跃，但他也是有小小进步的。这个进步不但给了我信心，也给了景霖妈妈信心，更给了景霖信心。

世上人与人的相识是一种遇见、一种奇妙的缘分。我们应该感谢这种美好的相遇。而教育，往往难以取得立竿见影的效果，它是一种"慢"的艺术。那么，就让我继续以"慢"的速度温暖、帮助景霖，保持一种"遇见你是我的缘"的美好心态，让我们的关系更和谐，让彼此觉得更幸福、更快乐。

（选自三中心小学蒋静老师的发言）

成长、力量与进取

说到 70 后，你脑中会出现怎样的词呢？我们这群 70 后，最大的 44 岁，最小的也已经 35 岁了，到了各自人生和职业的成熟期。我们是第一代真正意义上的独生子女，是改革开放的同龄人，是最早一批港台歌星的"追星族"，是赶上"计算机要从娃娃抓起"的一代人。1970 年代是一个淳朴的年代，而这个年代出生的人，更是由一个淳朴的年代进入了一个前所未有、信息爆炸的时代。我们这一代人中，有的已经小有成就，成为各部门的领导，有的仍执着地守着自己的三尺讲台，默默地发着光、发着热。

时间荏苒，从 1999 年毕业至今，不知不觉已过了 20 多个年头。打开记忆的闸门，还记得自己初登讲堂时，面对那一双双灵动的双眼手足无措的情景；还记得自己为了教学比赛，半夜有了突然而至的灵感挑灯夜战的情景；还记得看到自己发表的文章时，热血澎湃的情景；还记得自己为了提升英语口语，出国培训的情景……回想成长路上的点点滴滴，经历过挫折，也走过弯路，但同时得到了鼓励，得到了帮助，也得到了信任和支持。

一、从初出茅庐的教学新手成长为具有教学特色的成熟期教师

看着自己的履历表，似乎略显单调，工作单位一栏只有"闸北区第三中心小学"，但我知道自己是幸运的。

三中心小学这片令人称美的广袤沃土，为我提供了各式各样的学习机会。从学校开展的各种形式的校本培训，如太阳屿论坛和各类专家讲座等，到市区层面的教研活动；从自主学习的本科进修，到澳大利亚的口语培训；从本区各校间的教学活动，到各地方兄弟学校的学习交流活动，这些都让我学有所引、教有所依，既能扎实工作，埋头苦干，又能抬头看路，清楚自己努力的方向。学校在提供教师学习机会的同时，还为大家搭设了展示的平台。我应该说是其中的受益者，在学校的支持下，多次在市、区范围内公开教学；在各类杂志上多次

发表文章；参加各类教学评比，获得锻炼机会；等等。这些都为我从初出茅庐的教学新手成长为具有教学特色的成熟期教师提供了保障。

二、在形成自我教学风格的过程中感受到来自团队的无穷力量

记得有位伟人说过，每个人身上都有太阳，只是要让它发光，这种光只有在团队中才能最大化。在我的周围就有这样一个发光发热的团队——我们的英语组。英语组由五位 70 后和三位 80 后教师组成，其年龄结构合理，青春洋溢。

她们是飞向春天的雁群，队形严整，英姿飘逸；她们是开满枝头的繁花，流光溢彩，芳香袭人；她们是阳光学校的追梦人，自信聪慧，开拓进取。很难想象，在我的成长道路上如果少了这一群志同道合的小伙伴，现在的我会是什么样子。犹记得，在我第一次公开教学时，小伙伴们在组长的带领下共同备课、磨课、试教的情景：大家毫无保留地贡献着自己的智慧，一个个巧妙的教学环节，一个个全新的教学创意，一个个学生精彩的语言片段就这样诞生了，是她们时刻带给我惊喜与感动。

英语组的成员虽然只有八位，但却是一个团结合作、乐于学习的团队。在这样一个团队中你能时时感受到热切的学习氛围、学习思辨的快乐。每周的教研活动，大家畅所欲言，都十分愉快地交流各自的工作收获，分享着工作中的点点滴滴。集大家的智慧，每个成员都在吸收、成长，并逐渐形成了自己的教学特色，这正是团队带来的无穷力量。

三、把握教师的第二成长期，不断进取，做阳光学校内涵的丰富者

1970 年代的同龄人已经成为学校的中流砥柱，也大多成了上有老、下有小的一群人，生活和工作的双重压力使得我们开始进入职业倦怠期，渐渐感觉到自己很难像前一个时期那样快速成长，出现了不同程度的"高原反应"。为了克服这一反应，我们只有把握好自己职业生涯中的第二成长期。

首先，重视读书研修，完善自己的知识结构。用书本充实思想，用思想改变行为，进而更好地投入教育教学工作。其次，借助专家引领，打破自己专业发展瓶颈。真正的名师源自课堂、根植于课堂。在原闸北区就有着这样一位英语学科的名师——朱文婕，我非常有幸成为朱老师工作室的一位成员。早在工作室的第一次活动中，朱老师就巧妙地利用了说课、交流等形式帮助我明确了自己参加名师工作室培训项目的三年发展分级目标、分段规划和阶段任务及预设成果，使得当时正处在瓶颈期的我一下子觉得"柳暗花明"起来。工作室领衔人以及伙伴们好学上进、乐于创新、勇于开拓的精神给予我很大的动力，让

我在教育教学实践的岗位上，一步一步迈着坚实的步伐。最后，积极投身科研，教学反思常态化。做到教学经验用心记，教育教学理论用心悟，在"研"中探索，在"研"中奋进，在"研"中提高，不断进取成为阳光学校内涵的丰富者。

　　一路走来，前进的道路可能并不平坦，70后的教师团队却呈现出了极强的凝聚力和生命力，我们感受到了不断自我超越所带来的豁然与开朗。展望下一年的工作，我们充满信心，必将获得属于自己的一片天空。

（选自三中心小学蒋慧老师的发言）

　　这些教学主张的形成与提出，虽然还显得不太成熟，但是这些主张对于教师的教学改进是十分重要的：主张让教师对自身的教学行动产生独特的思考，使得教师的每一个行动都有意义与价值。

第二章　师德提升：学校强师的关键

　　师德师风，是落实立德树人根本任务的关键保障，是深化教师队伍建设改革的首要任务。从世界各国教师队伍建设的普遍经验看，教师教育研究的细化和教师队伍建设实践领域正反方面的经验对比，使得世界各国充分认识到师德师风建设对于引导教师的职业行为、实现教育目标、提升教学质量、强化公众对教师职业的信任都具有极为重要的意义。基于这样的认识，从 19 世纪末 20 世纪初开始，世界各主要国家无不普遍重视师德规范建设及师德教育①。以英美法等西方国家为例，尽管其推进师德师风建设的具体路径因为不同的制度、文化、境域而有所差异，但整体上看，到 20 世纪末，这些国家已经普遍建立了系统完善的师德师风建设体系，在师德建设的整体上呈现出统一化、细节化、师能化、一体化、情境化五个特征②，有效回应了教师职业道德建设的重要命题。进入 21 世纪之后，新知识、新技术的运用，很大程度上重塑了教育的样态和人才培养理念，也让教师工作的职业化特征更加凸显，但同时，由于教师聘任制度改革、教师职前职后教育、社会环境影响、教师个体差异等因素的存在，教师在职业伦理方面所面临的灰色地带和两难情境也不断出现③，教师队伍的师德师风建设越来越成为一种需要长期诊治的持久性工作。

　　从国内教育改革发展的实际情况看，强化师德师风建设，既有重要的历史文化因素，也有重要的现实意义。在中国古代文化中，道德观念占据着极其重要的地位。《礼记·中庸》中就有记载，"君子尊德性而道问学"，德性自古以来就

---

① 王正平. 美国教育职业伦理的理论研究、行为规范与实践［J］. 上海师范大学学报（哲学社会科学版），2013（06）：32-40.

② 庞维国. 近十年来西方主要国家师德教育的发展趋势及启示［J］. 中国教育科学，2023（05）：67-76.

③ Malone, D.M. Ethics Education in Teacher Preparation : A Case for Stakeholder Responsibility［J］. Ethics and education, 2020（01）：77-97.

被看作是读书人的毕生追求，尤其是师者的修养追求。儒家思想是中国古代文化中最为核心的道德体系之一，儒家强调"仁爱""礼义""忠诚"和"孝道"，这些观念深深植根于中国人的日常生活中。孔子提出的"己所不欲，勿施于人"这一金科玉律，至今仍被视为道德行为的基本准则。再如，中国古代的文学作品，如《诗经》《楚辞》以及后来的《红楼梦》等，都蕴含着丰富的道德教育意义。这些作品通过各种故事和人物形象，传递了关于忠诚、正义、诚实和勇敢等美德的信息。再者，中国古代的法律体系也体现了对道德的重视。例如，古代的法律中常有关于孝道和伦理道德的规定，违反这些规定的惩罚往往比其他罪行更为严重。最后，中国古代的社会结构和家庭教育也是道德教育的重要场所。家庭中的长辈会通过言传身教，教育下一代遵守社会规范和道德准则。总的来说，中国古代文化中的道德观念是多方面的，它们不仅体现在思想家的教诲中，也渗透在文学作品、法律体系以及日常生活的各个角落。这种对道德的高度重视，塑造了中国人的性格和行为方式，对后世产生了深远的影响，也为中国人的道德教育，特别是道德自省提供了重要的历史文化根基。

进入新时代以来的中国教育改革发展被赋予了鲜明的时代特征和价值使命。以教育变革推进中国教育现代化建设，建设教育强国，助力民族复兴，这是教育事业必须回答好的时代之问，必须承担起的时代职责。在这个过程中，高质量教师队伍建设始终是教育改革发展关注的热点问题。教师是教育的第一资源，党的十八大以来，习近平总书记站在民族复兴的战略高度，多次对教师队伍建设提出重要指导和论断，特别是对师德师风建设多次作出重要指示，强调"师德师风是评价教师的第一标准"。习近平总书记关于师德师风的重要论述和独特见解，既赓续着马克思主义经典作家师德思想的价值立场，又承继着中华优秀传统师道精神的文化基因[①]；既针对师德师风的现实问题，又立足新时代教师队伍建设的整体视角，深刻阐明了新时代师德师风的战略地位、核心范畴及实践理路，形成了严密科学的内容结构，拓展了师德师风教育的内涵，提出了师德师风建设的新要求，开辟了师德师风建设的新路径[②]，成为指导新时代我国教师队伍建设，特别是师德师风建设的重要遵循。如何落实践行教育家精

---

① 柏路，包崇庆.习近平关于师德师风重要论述的生成逻辑、内容结构及理论品格[J].思想教育研究，2021（09）：10-16.

② 李建华，肖潇."坚持师德师风第一标准"——习近平对师德师风建设思想的重要贡献[J].江苏行政学院学报，2023（01）：12-19.

神，扎实推进教师队伍师德师风建设，引导每一个教师都争做新时代师德师风建设的先行者，这是学校发展过程中校长必须考虑的重要现实问题，也是每一个教师理应涵养的专业发展自觉。

一、师德建设的内涵与价值

提起师德师风建设，我们都能够深刻感受到这是一个既久远又常新的命题。从教师这个职业诞生之日起，就被赋予了鲜明的道德要求，道德层面的约束、规定伴随教师队伍建设的整个历史进程。谈及师德，我们头脑当中总会闪现出一些光辉的形象。远的如陶行知先生，"捧着一颗心来，不带半根草去"是其精神道德的核心体现；近的如大家熟知的人民教育家于漪先生，她把毕生精力都贡献给了语文教学研究、学校管理、教育改革发展事业，书写了新时代人民教育家的精神情怀；比如膝下没有儿女，但却是170多个孩子"妈妈"的张桂梅，她数十年坚守山区，创建了全国第一所免费女子高级中学，让越来越多的山区女孩圆了大学梦；比如自愿放弃百万年薪，在花甲之年亲赴黔东南贫困地区支教，书写贫困地区"高考奇迹"的陈立群。他们不仅用自己的实际行动体现了教师队伍的精神价值，也让我们深刻感受到"师德"这两个字的光辉意蕴，是我们每一个教育工作者应该追求的精神丰碑。

（一）师德建设的内涵

认识是行动的先导，加强新时代师德师风建设，首先要知道什么是师德师风，也就是对师德师风的内涵进行科学把握。在推进师德师风建设的过程中，很多教师都对"师德师风"四个字耳熟能详，但是对究竟什么是师德师风，其内涵和要求有哪些具体纬度，却缺少细致的思考，这种思考的缺失容易导致教师在师德师风建设中的盲目和偏颇。

从普通的理解看，所谓师德，就是教师具备的最基本的道德素养；师风，是教师这个行业的风尚风气。爱岗敬业，教书育人，为人师表，诲人不倦，有教无类，这都是师德师风。对教师来说，最好的回报就是得到孩子的真心拥戴。好的师德师风的一个具体表现，就是师生之间保持一种人格上的平等，相互学习、相互尊重，共同发展。

从学理的角度看，我们在理解"师德师风"实践要求的基础上，还应该对其内在逻辑有一个整体把握。按照现有的概念解读，师德和师风往往不是两个可以被严格区分和单独使用的表述，二者有其内在联系性和一致性，因此一般需要"合体使用"。教师的职业道德即师德，一个个教师个体践行师德的状况汇集起来，或者说，一定范围内的教师群体展现出的实际师德状况，谓之师风。一校会有一校之师风、一国会有一国之师风。师风的好坏，是师德状况的集中体现；但同时还要看到，师德有广义和狭义之分。在中华文化语境中，"德"字是一个包容性极强的概念。人之端正、美好的品性，均可谓之"德"。

理解师德师风建设，应该把握四个层面的具体要求 ①：

第一，敬业守责是师德的基本原则。任何职业都有道德层面的要求，敬业守责也应该是任何职业都需要遵守的基本规范。作为一种特殊的职业，教育工作对教师道德层面的要求更高，但这种更高层面的要求，首先应该以教师敬业守责地完成本职工作为基本原则。"万丈高楼平地起"，教师要塑造良好的师德师风，首先要在完成本职工作的实践中体现。

第二，爱生重教是师德的基本前提。立德树人是教育的根本任务，教育活动是由"教"和"育"两个关键词组成的，二者是不可分割的统一体。习近平总书记多次对教师队伍建设提出的要求也明确指出，教师要做教书育人相统一的"大先生""筑梦人""引路人"。教育工作是一种高情感投入的工作，师生之间的感情是维系教育活动的重要非智力因素。强化教师职业道德建设，一个前提性要求就是要认识到师爱是师德的灵魂，教师要以"仁而爱人"为根本，尊重学生，关爱学生，将教书育人有机结合，以促进学生生命成长作为自己师德师风的实践体现。

第三，身正为范是师德的基本要求。孔子说："其身正，不令而行，其身不正，虽令不从。"这句话道出了"身教"的重要性。作为人类灵魂的工程师，教师在传播知识、思想的同时，更承担着塑造灵魂、传播真理、指点光明的崇高使命。教师的言行直接影响到学生立身、立德、立学以及正确的政治方向和人生态度。因此，教师要有一种具身的榜样意识，通过自己的一言一行来影响和引导学生，做到"言传"和"身教"的有机统一。

第四，完善自身是师德恒久的目标。学高为师，教师既要做"人师"，也要做"经师"。业精善学是新时代教师素养中最为基础且最为广泛的部分，也是教

---

① 马敬.新时代师德师风建设的内涵与反思[J].北京教育，2021（09）：66-67.

师师德师风建设的核心要素。从古至今，教师都被要求刻苦钻研、乐思善学、提升师能。古人韩愈所说的"传道授业解惑"中的"业"泛指学问，教师所精之"业"更多体现为学识的渊博、知识的精深。但是随着时代发展，教师从事立德树人工作所需要的专业素养体系不断完善，对教师终身学习，不断完善提升自我的要求也越来越强烈。因此，教师要不断地提高自己的业务能力。兢兢业业的治学态度与精神是师德构成的本源，也是教师应对各种变化的基础。理论的探讨加深，信息的吸纳整理，现代教学技术的应用，制定符合时代特色的教学方案，使得教学内容不断精简更新，各项工作才能以崭新的姿态、有条不紊地顺利完成，这些都是师德对于教师在实践层面的要求。

（二）师德建设的价值

教育活动不可能回避价值问题，这是叶澜教授对教育研究中价值与事实关系判断的一个前设[①]，也是引导学校教育研究与实践工作的重要逻辑基点。从概念上说，价值主要表现为客体满足主体需要的程度，价值不仅是外部事物品性的一种基本判断，也构成了人们实践行动的基本出发点，即"做有价值的事情"是人的普遍行动准则。为什么要强调师德建设的重要性，从根本上说是对其价值与意义的认可。任何职业都面临着道德层面的拷问，都需要遵循相应的规范、制度和道德要求，但是对于教育工作来讲，教师的职业道德建设有着更加重要的地位。对教师职业道德特殊性的理解，并不是从教师职业与其他行业职业道德重要性的排序上来理解，而是从教育的特殊性质，教师在教育工作中的独特角色定位、作用方式等特殊性来理解。教师的劳动是有目的地培养人、发展人的社会实践，是教育者与受教育者的心灵互动过程，是一种精神性的劳动，这种独特的劳动性质决定了教师师德师风建设的特殊意义，这种特殊意义体现在教师的工作是影响学生生命成长的重要因素之上。教师通过一种心灵交互的活动，不仅给予学生知识，更给予学生道德的影响，这对于生命个体的成长和整个社会的发展进步都十分重要。以德育德，以人格育人格是教师工作的显著特征，这也决定了教师的工作更多的是一种触及心灵的工作，必然面临着更高层面的更特殊的师德要求[②]。只有充分认识到这种特殊性要求，才能涵养、

---

① 叶澜.重建课堂教学价值观[J].教育研究，2002（05）：3-7, 16.

② 班华.师德的特殊意义[J].中小学德育，2014（01）：1.

强化师德师风教育的自觉。此外，应该认识到，教师职业道德建设的重要价值在不同阶段有不同的具体表现。进入新时代，我们有必要从更高的层面上来理解师德师风建设的意义，充分认识到师德师风建设是落实立德树人根本任务的重要保证，也是教师队伍核心能力建设的重要内容[①]，是当下强化教师队伍建设的重要领域。只有抓实抓好师德师风建设，才能抵及教师队伍建设的核心问题，才能保证立德树人教育根本任务的有效落实。

从实践的角度看，加强师德师风建设，其基本意义可以从三个维度来审视：

从学生成长的角度看，教师是学生成长过程中的重要引导者和榜样。良好的师德师风能够为学生提供正面的行为示范，帮助学生树立正确的价值观和人生观，引导他们形成良好的道德品质和行为习惯。师德师风建设有助于营造一个公平、公正、和谐的学习环境。在这样的环境中，学生能够感受到教师的关爱和支持，从而更加积极主动地学习，充分发挥自己的潜能。教师的师德师风直接影响到教学质量和学生的学习效果。一个具有高尚师德的教师能够关注学生的全面发展，不仅在学术上给予指导，还在品德、情感、社交等方面给予关怀和引导，帮助学生实现全面发展。教师的良好师德师风能够激发学生的内在动力，培养他们的自我管理能力和责任感。学生在观察和模仿教师行为的过程中，逐渐学会自我约束和自我激励，这对他们未来的学习和生活都具有重要意义。教师的师德师风不仅影响学生的个人成长，还关系到他们对社会的认知和责任感。一个具有良好师德的教师能够引导学生关注社会问题，培养他们的社会责任感，使他们成为有担当、有爱心的社会公民。整体而言，加强师德师风建设对学生成长具有深远的意义。通过教师的正面引导和榜样作用，可以为学生营造一个健康、积极的学习环境，促进他们全面发展，培养他们的自我管理能力和社会责任感，为他们的未来发展奠定坚实的基础。

从教师队伍建设的角度看，师德师风建设是提升教师职业素养的基础。通过强化师德教育，可以帮助教师树立正确的职业观和教育观，提高他们的道德修养和职业道德水平，使他们成为真正的教育工作者。良好的师德师风有助于增强教师队伍的凝聚力和团队精神。当教师们共同遵守和践行师德规范时，他们之间的相互尊重和支持会得到加强，从而形成一个和谐、协作的工作氛围。师德师风建设直接影响教育教学质量。一支具有高尚师德的教师队伍能够更加

---

① 龙宝新. 新时代师德师风建设的意义、依据与方向［J］. 中国德育，2020（13）：5-9.

专注于教学工作，关注学生的学习需求和发展，从而提高教学效果和学生的学习效果。师德师风建设有助于塑造教师的社会形象。教师作为社会的重要角色，他们的行为和态度会被社会广泛关注。良好的师德师风能够提升教师的社会认可度和尊重度，增强教师职业的吸引力。师德师风建设与教师的专业发展密切相关。一个注重师德修养的教师会更加积极地追求专业知识和教学技能的提升，不断学习和创新，以适应教育发展的需求。师德师风建设有助于构建和谐的教育生态。教师队伍的良好师德师风能够促进家校合作，增强家长对教育的信任和支持，形成学校、家庭、社会三方共同育人的良好局面。整体而言，通过提升教师的职业素养、增强队伍凝聚力、提高教育教学质量、塑造良好形象、促进专业发展和构建和谐教育生态，可以为教育事业的发展提供坚实的人才支持和道德保障。

从教育发展和社会进步的角度看，师德师风是教师职业行为的准则。良好的师德师风能够确保教师在教学过程中遵循教育规律，尊重学生，公正无私，从而提高教育质量，培养出更多优秀的人才，整体推动教育改革发展和品质提升。教师作为社会的知识传播者和道德引导者，他们的师德师风直接影响着社会的道德风尚。通过师德师风建设，可以培养出更多具有高尚道德品质的教师，进而影响和提升整个社会的道德水平。教师的行为和态度具有示范作用，他们的师德师风能够对社会风气产生积极影响。一个重视师德师风的社会，更容易形成尊重知识、尊重教育、尊重教师的良好风气，从而推动社会文明进步。良好的师德师风能够增强公众对教育系统的信任。当教师展现出高度的职业道德和责任感时，社会对教育的信心会得到加强，这有助于形成更加稳定和谐的社会环境。师德师风建设强调公平、正义和诚信等价值观，这些价值观的普及和践行有助于推动社会公平正义的实现。教师在教育过程中坚持公平原则，能够为每个学生提供平等的教育机会，促进社会阶层的流动和公平竞争。整体而言，通过促进社会道德建设、塑造良好社会风气、增强社会信任、推动社会公平正义、促进社会创新发展和提升国民素质，可以为社会的全面进步和可持续发展提供坚实的道德基础和文化支撑。

对于师德师风建设的内涵与价值解读，有助于我们从整体上把握师德师风建设的概念、逻辑和要求，但是也应该清楚地认识到，从某种意义上说，师德师风建设是社会对于教师职业行为的总的概括和基本要求，这种概括和要求随着时代的发展会有不同的具体表现，这就意味着师德师风建设有其历史性和时代性。社会发展的不同阶段，对教师师德师风和职业行为的要求也不一样。对于学校管理者和广大教师而言，把握师德师风建设的内涵意蕴，要结合新时代中国教育改革发展的整体背景和内在要求，结合习近平总书记对于新时代教师队伍建设的重要指示精神来理解，这种理解有助于我们更好地把握新时代师德师风建设的新的体系、价值和要求，进而形成投身师德师风建设的行动自觉。

二、师德建设的基础与依据

学校发展主要依靠优秀的教师队伍，教师素养是学校发展的基础，是学校办学水平的重要标志。从宏观的视角看，教师素养有两部分：一是教师的职业道德修养，即师德。二是教师的教学能力。仅有教学能力的教师只能教会学生的功课，让学生获得学科课程的好成绩，但不可能使学生的道德素养、社会认知和价值观念得到良好发展，这样就是"经师"。"经师"无法完成为党育人、为国育才之重任，不可能培养中国式现代化所需的人才，只有兼具道德素养和专业素养的教师才能承担立德树人的教育根本任务，这是我们强化师德建设的基本认知。教师道德具有多层次发展逻辑，体现在"社会人"范畴中的教师道德、"职业人"范畴中的教师道德以及"专业人"范畴中的教师道德。教师道德发展遵循从社会道德到职业道德，再到专业道德的多层次发展逻辑，具有内在的历史统一性与自我统一性[①]，具有深刻的理论性和现实的必要性，既与教师专业发展和教师队伍建设的政策关联，也蕴含着多样化的实践诉求。这意味着整体推动教师职业道德建设，需要一种理论和实践相互融合的思维范式，整体上把握教师职业道德建设的理论基础和现实依据，努力在澄清认识的基础上打造系统性的师德师风建设范式。

（一）理论层面的基础与依据

研究、推进教育领域的变革与行动，首先要有一种理论思维。理论思维通过抽象来揭示事物或现象"是其所是"的本质属性，就表现为一种判断，形成了一个命题，但揭示事物或现象"是其所是"的本质属性而形成一个命题的驱动

---

① 王素月，等.教师道德的多层次发展逻辑及其结构模型[J].教育研究，2019（10）：143-152.

力却在于揭示事物或现象发生、发展的原因①。从教育活动理论性与实践性相统一的视角出发，运用理论思维，分析问题的理论基础和理论支撑，有助于形成对问题的合理认知，进而保障后续路径设计的科学性。

从学理层面看，师德师风建设是教师专业素养的重要构成部分，而且是核心和基础构成部分，在很大程度上影响着教师其他素养的形成和整个生涯表现。从教师职业诞生之日起，教师就一直被视作一种崇高的职业，蕴含着深层次的道德要求，这种道德要求从人们对教师职业的称谓中就可以看出。比如将教师比作"辛勤的园丁"和"点燃自己照亮别人的红烛"，将教师职业视作"太阳底下最光辉的职业"，将教师称为"人类灵魂的工程师"，这些比喻和称谓，不仅蕴含着知识、技术、能力层面的要求，更蕴含着道德层面的要求和期待。所以从教师职业诞生之初，师德师风就被镶嵌在了教师职业的固有认知当中。从20世纪50年代开始，教师专业发展问题成为一个相对独立的研究领域，在这一问题的研究和实践中，如何建构教师适应职业的专业素养是一个基础性的内容，不论从国际的研究还是从国内的研究看，对于精神、道德、价值观领域的要求都是教师专业素养体系当中最基础、最重要、最核心的领域。从经济合作与发展组织开展的教师教学国际调研（TALIS 调研）看，经合组织遵从指标导向和政策相关性等原则，采用抽样调查法，通过对教师和校长发放问卷，开展对教师、学校领导以及学校学习环境的国际性大型调查，为各国政策制定者提供及时、有效和可供比较的信息，教师专业发展是其最为关注的方面，也是最显著的特点。在近年来经合组织发布的相关报告中，其建构的"以教师专业精神为核心，由 11 个主题和五大'支柱'构成的教师专业发展基本框架"颇受关注。在这个框架中，教师的专业精神被视作核心，其中"责任与自主"层面的规定体现了教师的道德要求。相比较国外的研究，国内关于教师专业发展素养的研究中则更加明确地将教师的职业道德以及与之相关的教师专业理想、专业信念等作为教师专业发展的明确内容，比如我们熟知的叶澜老师建构的面向 21 世纪的教师专业结构体系中，就将道德层面的要求作为教师专业素养体系的首要要求。这些研究从理论层面阐释了专业道德、专业精神在教师专业发展体系中的价值，这也意味着要推动新时代教师队伍建设的整体素养提升，不论这种素养体系如何演进和完善，对于道德层面的要求都是最基本的。抓教师队伍建设，

---

① 李润洲. 理论思维：助推研究生的知识创新 [J]. 学位与研究生教育，2017（12）：50-55.

建设高素质专业化的教师队伍，必须从师德师风建设的强化入手。

（二）政策层面的基础与依据

按照英国学者 H.K. 科尔巴奇的理解，政策"是一种给思想贴上标签的方式，也就是我们理解世界是什么以及世界应该是什么的方式"[①]，它总是与一定的实践目的，特别是政府某一领域的行政实践目的相关联。由此，教育政策可被理解为实现教育目的的公共方针之体系[②]。教育政策的制定不是随意的，而是与时代发展同频共振，能够及时反映统治阶级的教育变革需求，体现出鲜明的动态过程，这种动态过程也被怀特海等人尊崇为世界的本质[③]。政策的这种内心属性和特征赋予了政策研究鲜明的价值，通过教育政策的梳理，能够总结呈现教育改革发展中的焦点性问题。

从政策层面讲，师德师风建设是近年来教育改革发展和教师队伍建设相关政策制定的焦点问题，抓好师德师风建设有助于落实教师队伍建设的相关政策。从这些政策的要点中可以看出党和国家对师德师风建设的重视和一以贯之的要求。

《中小学教师职业道德规范》是关于教师师德师风建设的最重要、最直接的政策要求，爱国守法、爱岗敬业、关爱学生、教书育人、为人师表、终身学习六个层面的要求，教师必须了然于心。《新时代中小学教师职业行为十项准则》是中小学教师职业道德规范与新时代教师队伍建设最新要求、理念、价值相结合的产物，更具有时代性和指导性，教师对于"十项准则"也要有明确的认识。坚定政治方向，自觉爱国守法，传播优秀文化，潜心教书育人，关心爱护学生，加强安全防范，坚持言行雅正，秉持公平诚信，坚守廉洁自律，规范从教行为，教师应对以上政策要求有基本的把握。

2018 年，中共中央、国务院《关于全面深化新时代教师队伍建设改革的意见》指出，"突出师德"是新时代教师队伍建设的基本原则，要"把提高教师思想政治素质和职业道德水平摆在首要位置，把社会主义核心价值观贯穿教书育人全过程，突出全员全方位全过程师德养成，推动教师成为先进思想文化的传

[①] H.K. 科尔巴奇 . 政策［M］. 张毅，韩志明，译 . 长春：吉林人民出版社，2005：10.

[②] 筑波大学教育学研究会 . 现代教育学基础［M］. 钟启泉，译 . 上海：上海教育出版社，1985：195.

[③] 温恒福，杨丽 . 过程哲学与中国教育改革——探索中国教育改革的另一种可能［M］. 北京：教育科学出版社，2016：23.

播者、党执政的坚定支持者、学生健康成长的指导者"。

2019 年，教育部等七部门印发《关于加强和改进新时代师德师风建设的意见》（以下简称《意见》）的通知，对师德师风建设提出了在实践领域更具指导价值的框架设计和行动要求。《意见》提出了师德师风建设的总目标：经过五年左右的努力，基本建立起完备的师德师风建设制度体系和有效的师德师风建设长效机制。教师思想政治素质和职业道德水平全面提升，教师敬业立学、崇德尚美呈现新风貌。教师权益保障体系基本建立，教师安心、热心、舒心、静心从教的良好环境基本形成，师道尊严进一步提振。全社会对教师职业认同度加深，教师政治地位、社会地位、职业地位显著提高，尊师重教蔚然成风。《意见》要求把师德师风作为评价教师队伍素质的第一标准，将社会主义核心价值观贯穿于师德师风建设全过程，全面提升教师思想政治素质和职业道德水平。《意见》提出了"三个坚持"的师德师风建设路径，即"坚持思想铸魂，坚持价值导向，坚持党建引领"，以此唤醒教师内在的师德品性。同时，《意见》还提出在教师管理全过程中，要将教师的师德要求通过"招聘关，考评关，监督关，惩处关"等体现出来，以外部力量保障教师严守"品德关"。要通过强化地位提升，强化权利保障，强化尊师重教，强化各方联动等措施，营造全社会尊师重教的浓厚氛围，突出政策导向和激励机制，对师德师风建设的违规行为坚持零容忍，从正反两个方面引导教师树立起警诫意识和师德师风建设的自觉性。

2022 年 4 月 2 日，教育部、中央宣传部、中央编办、国家发展改革委、财政部、人力资源和社会保障部、住房和城乡建设部、国家乡村振兴局印发《新时代基础教育强师计划》（以下简称《计划》）。《计划》明确提出"师德为先"的教师队伍建设基本原则，要求"把教师思想政治和师德师风建设放在首要位置，围绕落实立德树人根本任务，全面加强中小学教师思想政治建设，增强教师的政治意识、政治能力，严格落实师德师风第一标准，突出全方位全过程师德养成，推动教师以德施教、以德立身"。同时，《计划》还对全面加强和改进师德师风建设的相关举措进行了部署。

政策是教育治理的有效工具，集中体现了党和国家对于教育问题的关注点和施力中心。整体而言，近年来，我国在教师职业道德建设方面的政策制定和实施，体现出了国家对于教育事业的高度重视和对教师队伍素质提升的迫切需求。这些政策以提升教师职业道德水平为核心，旨在构建一支德才兼备、敬业奉献的教师队伍，为培养合格的社会主义建设者和接班人提供坚强的师资保障。首先，政策强调了教师职业道德的重要性，明确了教师应当遵循的基本道德规范，如爱岗敬业、教书育人、为人师表等，这些都是教师职业行为的基本准则。通过这些规范的制定，旨在引导教师树立正确的职业观和价值观，增强其社会责任感和使命感。其次，政策中还包含了对于教师职业行为的监督和评价机制，确保教师在日常教学和生活中能够恪守职业道德，不断提升自身的道德修养和专业能力。这种监督和评价机制的建立，有助于形成良好的教育生态，促进教育公平和质量的提升。此外，政策还鼓励社会各界参与到教师职业道德建设中来，通过家校合作、社会监督等多种形式，共同营造尊师重教的良好氛围。这种多方参与的模式，有助于形成全社会共同关注和支持教育事业发展的良好局面。总体来看，我国近年来出台的教师职业道德建设相关政策，是在深入分析当前教育形势和教师队伍建设需求的基础上，经过精心设计和周密考虑的结果。这些政策的实施，必将对提升我国教师队伍的整体素质，推动教育事业的健康发展产生深远的影响。教育改革发展的政策和教师队伍建设的政策中，对于师德师风建设的充分重视，说明了师德师风建设持续强化的必要性。要坚持政策导向，将师德师风建设真正作为贯彻落实新时代教师队伍建设整体顶层设计和政策制度落实的突破口。

（三）实践层面的基础与依据

从实践层面看，师德师风建设是社会关注的热点问题。教育领域发生的违反师德师风现象持续引发着社会对于教育和教师队伍建设的关注与评判，抓好师德师风建设有助于回应社会热点问题，改善社会大众对于教师队伍建设的负面认知。

正如笔者反复强调的，任何职业都有道德层面的要求，但是对于教师而言，这种道德层面的要求更高、更严格、更深层、更具体，我们在享受教师职业带给我们的职业荣誉感的同时，也必然要对这种职业隐含的更深层次、更高层面的道德要求有清醒的认知。尽管我们国家在持续强化教师队伍的师德师风建设，但是违反师德师风的现象和事件依然时有发生。教育部近年来连续发布了多批次违反师德师风和《教师职业行为十项准则》的典型案例。

如果大家平时关注网络和媒体，可能会有一个整体感知，整个社会对于教师队伍建设的整体情况存在一定的不满情绪。当违反师德师风现象被曝光后，往往能够引发网友的热议，甚至谩骂，这体现了社会期待与教师队伍建设现实情况之间的不匹配。实际上，道德对于人的约束与法律不同，道德更需要人的自察、自省、自觉，社会各领域都会有不道德的现象发生，但是教育领域的违反师德师风的行为显然受到的关注更大，这与教育事业是涉及人类幸福的事业、涉及千家万户和民族复兴的属性有关系。强化师德师风建设，有助于减少教师队伍中违反师德师风不良现象时有发生的状况，澄清社会对于教师队伍建设存在的误解，缓解社会不满情绪，进一步净化教师队伍，形成风清气正的教师队伍建设环境。

三、师德建设的路径与方法

师德师风建设关键在于实践。从当前关于教师职业道德建设的理论和实践研究看，除了将师德师风建设视作教师专业素养的重要组成甚至核心组成部分之外，还有一些研究基于道德的养成规律总结凝练教师师德师风建设应该遵循的基本规范，这些规范整合起来，主要的观点包括[1]：其一，将道德认同作为师德师风建设的基石，认为师德养成是教师主体坚持以学生发展为中心，在现实处境中自我反思，将社会认同的道德要求和规范逐渐内化，并不断完善个人道德品质，最终成为自觉活出善的师德能动者的过程，倡导"道德认同是教师形成良好道德的关键动力"；其二，将道德实践作为师德师风建设的内核，认为从师德养成的现实形态看，教师道德实践是以师生关系为基础开展的，以教师为行动主体，以学生为主要行动对象的"自觉活出善"的行动过程，教师的师德师风建设不能脱离教育实践活动而独立开展；其三，将道德反思作为师德师风建设的重要路径，教师的师德养成必须强调教师对于自身内心世界的关注和反思，即教师要通过道德反思来实现道德养成。这些整体性的结论，不仅有助于教师和学校形成对师德师风建设重要性的合理理解，也构成了实践之中建构师德师风路径体系的重要遵循。

在笔者看来，抓好教师队伍的师德师风建设，要处理好两个方面的问题：首先，从师德师风建设的路径和机制上看，要真正建构师德师风建设的长效机制，就要形成政府、区域、学校、教师个体之间的系统联动，其中教师个人的认

---

[1] 吕琦, 代建军. 论师德养成的内在机理[J]. 教育科学研究, 2019（07）: 29-31.

知和参与是师德师风建设取得良好成效的最重要保障；其次，从师德师风建设的体系上看，它既是一个理论问题，也是一个实践问题，既需要把握师德师风建设的内涵、价值、范畴、要求，也需要结合教师的工作设计师德师风建设的有效路径。应该指出的是，师德师风建设属于意识形态的内容，需要相应的精神引领。教育家精神是教师职业精神的最高境界。关注这一精神对于当前的师德建设来说具有十分重要的意义。教育家精神蕴含了教育家所应有的高超的教学专业能力、强烈的社会责任担当、坚定的奋斗与奉献自觉。教育家精神的三个维度实际上也指明了教师的师德修养应当努力的三个方向，即要结合教师教学能力的专业提升，要涵养教师贡献社会的浩然之气，要助力教师"为己之学"的师德构建[①]。从哲学的角度看，精神属于意识层面，能够对人的实践行动产生积极的影响。对于教师而言，对教育家精神的学习和领会，能够提升其立德树人的实践效能。从这个角度出发，新时代强化师德师风建设，在理解、阐释"教育家精神"的基础上，探究"教育家精神"的实践路径，发挥这种独特精神的实践引领价值是极为关键的。"教育家精神"是促使教师不断成长为"教育家"的精神力量，尽管并非每一个教师都能够成长为教育家，但是教育家的精神都能够为其成长提供精神养料，提供其道德生成的价值引领。对于教师而言，如何在立德树人的实践中践行教育家精神，如何用教育家精神引领自身成长，涵养"躬耕教坛，强国有我"的使命担当，这是我们在实践领域需要研讨的重要命题。对于学校而言，如何充分转化和利用"教育家精神"这一独特的师德师风教育资源，结合学校实际建构合理完善的师德师风建设机制，是决定师德师风建设成效的重要因素。

（一）把握师德师风建设的总体要求

强化师德师风建设必须重视思想层面、政治层面的引领，必须有一个统一的核心的指导思想，因为任何的德育工作都必然具有鲜明的政治性、时代性。进入新时代以来，习近平总书记多次在考察、讲话、批示中表达了对教育事业的重视和对教师职业的尊崇，强调要发挥教师在立德树人中的特殊重要作用，对教师创造性地提出了"四个引路人""四有好老师""四个相统一"等要求，要求引导和保障教师安心从教、热心从教、舒心从教、静心从教，让广大教师在

---

① 檀传宝，肖金星 . 论教育家精神与师德修养的三个方向［J］. 中国教育科学，2024（01）：24-31.

岗位上有幸福感、事业上有成就感、社会上有荣誉感，让教师成为让人羡慕的职业。党中央专门把"加强师德师风建设，培养高素质教师队伍，倡导全社会尊师重教"作为"建设教育强国"的重要内容进行了部署。总书记关于新时代教师队伍的重要讲话构成了新时代教师队伍建设的根本遵循。加强教师师德师风建设，必须以总书记对新时代教师职业的重要论述为根本遵循，特别是把握"四个引路人""四有好老师""四个相统一"等的内涵和要求。

"四个引路人"，即广大教师要"做学生锤炼品格的引路人，做学生学习知识的引路人，做学生创新思维的引路人，做学生奉献祖国的引路人"。"四个引路人"的论断直接指明了教师"立德树人、教书育人"的职业要求，内在地规定了教师职业在道德品行、知识储备、创新思维和奉献精神等方面应该具备的基本职业操守，明确了新时代教师从事职业活动的基本伦理遵循。

"四有好老师"即"全国广大教师要做有理想信念、有道德情操、有扎实知识、有仁爱之心的好老师，为发展具有中国特色、世界水平的现代教育，培养社会主义事业建设者和接班人作出更大贡献"。"四有好老师"从责任与道德统一的层面确立了新时代教师的职业伦理标准，包括教师要有坚守"有理想信念"的职业信念标准；坚守"有道德情操"的职业道德标准；坚守"有扎实知识"的职业素养标准；坚守"有仁爱之心"的职业品行标准。

"四个相统一"即"坚持教书和育人相统一，坚持言传和身教相统一，坚持潜心问道和关注社会相统一，坚持学术自由和学术规范相统一"，这是习近平总书记对高校教师责任和使命提出的重要论断，这不仅仅针对高校教师，而是全体教师的职业初心、时代使命和责任担当。坚持教书和育人相统一，是教师的职业要求；坚持言传和身教相统一，是教师的人格要求；坚持潜心问道和关注社会相统一，是教师的社会责任；坚持学术自由和学术规范相统一，是教师的学术使命。

习近平总书记对教师队伍建设的最新要求集中体现在对"教育家精神"的阐释之上。总书记对于"教育家精神"的重要表述，高屋建瓴，思想深邃，指向鲜明，体系完整，具有丰富的精神内涵和价值意义。对于教师而言，要从总书记对于教师队伍建设重要论断的整体逻辑上认识"教育家精神"。从"四有好老师"到"四个引路人"，从做"经师"与"人师"的统一者到成为"大先生"，从培养教育家型教师到弘扬教育家精神，总书记的一系列重要讲话和指示精神成为广大教师躬耕教坛、自我完善的方向引领。践行"教育家精神"，涵养师德师风，一个重要前提就是要深刻理解把握这些不同要求之间的内在逻辑关系，把握贯穿其中的精神实质和共性要求，形成道德和情怀提升的内在自觉。

对于教师而言，要不断学习国内外先进的教育理论和实践经验，理解教育家的思想精髓，通过阅读专业书籍、参加研讨会和培训课程，增强理论素养，将教育家的思想内化为自己的教学指南。将教育家精神融入教学实践，尝试多样化的教学方法，如项目式学习、翻转课堂等，激发学生的学习兴趣和创造力。关注学生的个性化需求，因材施教，让每个学生都能在适合自己的学习路径上获得成长。要以教育家的道德风范为榜样，树立正确的价值观，做到为人师表，以身作则。在日常教学和生活中，展现耐心、关爱和责任感，成为学生健康成长的引路人。要定期进行教学反思，总结经验教训，不断调整和优化教学策略。鼓励教师之间的交流与合作，通过观摩学习、教学研讨等方式，共同提升教学水平。要秉承教育家的社会责任感，关注教育公平，努力为每个学生提供平等的教育机会。在教学中融入社会热点和实际问题，培养学生的社会参与意识和公民责任感。通过这些具体措施，教师可以更好地学习贯彻教育家精神，为培养新时代的优秀人才贡献力量。

对于学校而言，应制订具体的学习计划，明确学习教育家精神的目标、内容和时间表，将教育家精神的学习纳入教师专业发展的重要组成部分，确保每位教师都有机会参与。要定期组织教育家精神的专题培训，邀请教育专家和资深教师进行讲解和分享。开展研讨活动，鼓励教师就教育家的思想和实践进行深入探讨，形成学习共同体。要将教育家精神的相关内容融入学校的课程体系，通过学科教学、主题班会等形式进行渗透，鼓励教师在日常教学中实践教育家的理念。要在学校内部树立践行教育家精神的榜样教师，通过表彰和宣传，激发全体教师的积极性。要通过开展"教育家精神"主题的征文、演讲比赛等活动，让教师和学生都有机会表达和分享自己的理解和感悟。要在学校内部营造浓厚的学习氛围，鼓励教师之间的相互学习和交流。建立教师学习小组，定期组织读书会、观摩课等活动，促进教师专业成长，鼓励教师将学到的教育家精神应用于实际教学中，通过实践来深化理解。定期进行教学反思，总结经验教训，不断调整和优化教学策略，促进教师师德师风和专业技能的共同成长。三中心小学每学年都会以师德、师能提升为主旨，组织教师开展主题式的研修，以下是其中一项研习方案：

静安区闸北第三中心小学师德模块实施方案

研修主题	读懂教育,争做新时代的大先生
研修目标	(1)力求扎实有效地为教师的专业成长和学校持续发展提供广阔的学习空间。 (2)进一步加强我校教师的职业道德建设,提高教师的师德修养,培养"正气、大气、底气、灵气、雅气"的"五气"教师。 (3)努力建设一支师德修养高、业务素质精良、教学基本功过硬的教师队伍。

研修活动设计

研修内容:

结合全员导师工作的推进,针对不同的教师群体展开专题培训,健全校本学期的校本研修将依托专家报告、"向日葵"工作室开展活动,实施教师分层培养,针对青年教师、班主任等教师群体展开专题培训,健全教师专业成长的机制,引导教师关注"五育"融合,关注孩子的个性化差异,并总结科学有效的策略与方法,促进教师育人行为的转变,形成自己的育人主张。

研修途径:

1. 专题学习

(1)专家讲座。

(2)学习"张桂梅给青年教师的一封信",对标习近平总书记对"大先生"的要求,开展关于"新时代的大先生"的讨论。

2. 经验分享

(1)以"走大先生之路""学大先生之法""立大先生之志"为主题,各年级组展示学习成果。

(2)优秀导师经验交流与分享。

3. 自主研修

(1)以"大先生的时代画像"为主题,梳理新时代对于大先生的标准和要求,进一步完善育人主张。

(2)向标准看齐,向榜样学习。结合学科育德、全员导师制的实践以及教师个人的育人主张,以"争做新时代的大先生"为主题,撰写一则教育案例。体现在新的时代背景下,教师如何将"大先生"的内涵,在师德师风、学科育德、家校沟通等方面有效落实。

考核方式:

现场参与情况 40%

学习成果展示 60%

（续表）

> 研修成果呈现形式：
>
> 1. 年级组学习成果展示
>
> 2. 修订育人主张

（二）涵养师德师风建设的行动自觉

师德在最深刻的本质上是教师的自我实践[①]。教师道德自我作为师德实践的承担者不容忽视。从本体论上看，道德自我是道德行为所以可能的前提，是道德完善的出发点，对道德现象的理解不可略去道德自我。然而，长期以来师德建设重视"规范性师德"，强调教师基于外部设定的道德准则形成规范自身教育教学行为的意识，甚至走向"师德规范律法化"，主张以法律规范的思维和建设方式改造师德规范，将师德归结为教师是否接受与服从外部规范准则[②]，这实际上在很大程度上违背了道德养成的基本规律。破解新时代师德建设的难题与困局，亟须对师德建设进行根本性反思，对师德建设"建什么""怎么建"等基点问题重新进行审视，其中最为根本的就是倡导和弘扬教师的"德性主体"地位[③]，引导教师通过道德自觉和自省，形成一种基于教师自我反思察省的师德师风教育养成体系，回归师德的本源，提升教师师德师风教育的实践效能。

1. 提升师德师风的自省意识

教师职业道德的养成，很大程度上依赖于教师自我道德意识的觉醒。师德自省是教师对自身的师德行为和发展目标进行反思、检讨和自觉改进的过程，是教师通向高阶师德发展境界的必备条件，自省而成的自然形态的教师榜样具有令学生信服的道德教育价值。师德自省的形成是内外两种力量共同作用的结果。教师要成功实现从被评者向自评者的角色转换，须完成价值认同和自评体系构建的双重确立过程[④]，将外部的道德教育诉求转化为内部的道德认同。在笔者看来，抓好师德师风建设的关键在于教师个体，师德师风的基础在于教师的道德认知，尽管从学理的角度看，关于"道德是否可教，是否可学"依然存在

---

① 顾云虎.教师道德的自我实践原理[J].全球教育展望,2011（12）：72-77.

② 王凯,周欣茹.教师道德自我的遮蔽与澄明[J].教育发展研究,2023（18）：60-66.

③ 刘志.教师德性的主体建构：新时代师德建设的理论基点[J].东北师大学报（哲学社会科学版），2023（06）：51-58.

④ 傅维利.师德自省形成机理与实践体系的双重构建[J].教育研究,2023（11）：139-148.

争议，但是道德可以通过教师的自觉、自省、自察来涵养，这已经成为共识。因此，做好新时代教师队伍的师德师风建设工作，必须要强化教师师德师风建设的内在自觉。自觉本质上就是一种内在的主动意识，对于师德师风建设而言，这种内在自觉集中表现为教师能够在日常工作、生活和学习中主动审视自己的道德行为，主动以先进人物为榜样提升加强道德建设的自觉性，主动结合自己的教育教学和管理实践探索有效的、契合自身实际的师德师风建设路径。要形成这种内在自觉，首先，教师要不断加强政策和理论学习，就像前文提到的，近年来，党和国家以及各区域、学校等层面制定了大量关于教师师德师风建设的政策规定，教师不仅要对政策的内容熟悉，更重要的是要结合自己的实践强化对政策内容的理解，将政策的规定转化为行动的自觉；其次，教师要主动向身边的先进人物学习，从师德师风楷模身上汲取自身师德建设的精神力量。教师也要对身边时常发生的典型的师德师风不良现象有清醒的认知，在工作和生活中洁身自好、净化灵魂，自觉抵制不良现象的侵蚀，对标榜样，守牢底线，做师德师风建设的有心人；最后，教师也要有示范榜样和引领意识，要通过树立良好的师德师风形象，为学生成长提供一种重要的榜样和价值引领，做到"立德"和"树人"的统一，做到"言传"和"身教"的统一。只有如此，教师才能真正实现自身的职业价值，体现师德建设的内在要求。

2. 探索以德育德的有效方式

过去我们讲教师职业道德建设，讲师德师风建设，主要是要求教师加强自身的思想道德水平，提升自身的道德修养，涵养立德树人的积极价值和情怀。强调通过教师自身道德素养的提升，形成匹配教师职业的基本的道德标准。但是，教师职业道德建设除了教师自身的道德水平提升之外，还有其他层面更深层次的要求，就是教师不仅要自身做具有良好思想道德水平的人，而且要有"以德育德"的意识和能力。这意味着，教师的道德性不仅包含教师个人的道德"私德"与教师职业的道德"师德"，更为重要的是教学实践本身就是一种道德努力，道德也要凭借教学来培养和实现，教师的道德性还应包含教师教学的道德"施德"[①]，引导教师实现从"道德人"到"道德教育者"的合理性转化，提升教师的"育德能力"是新时代师德师风建设的题中之义。教师的育德能力包

---

① 罗丽君，王皇星. 从"道德人"到"道德教育者"：教师道德性的意蕴演进与实现路径［J］.教师教育研究，2022（05）：40-45.

含育德意识、育德觉知能力和自身的示教能力三个方面。育德意识，指教师在教育教学活动中关注到培养学生道德的资源或者时机，并能自觉而主动地培养学生道德的意识；育德觉知能力，指教师在教育教学过程中，能敏锐地察觉到学生所存在的道德问题或者矛盾，有针对性地选择相应育德内容和方法以达到育德效果的能力；自身的示教能力，指教师在培养学生道德的过程中，在准确把握学生问题的基础上，针对学生的共性和个性，以自身的言传身教，采用学生能够接受的方式去调动学生自我教育的积极性，进而对学生进行道德教育[1]。教师要积极探索通过教学、管理、服务来开展德育工作的有效方式，也就是要提升教师自我的育德意识和能力。强调教师道德建设在世界各国都是一种普遍要求，但在我国的师德师风建设体系中，道德建设和教师的思想政治建设本质上是融为一体的，将道德教育、师德师风建设和思想政治教育改革有效融合是我们国家德育体系的重要特征。当前在推进中小学德育和思政改革的过程中，"全员德育""大思政""三全育人"等理念被普遍认可，在这样的一种情况下，每个教师都要涵养起"人人都是德育工作者"的思想意识，特别是要结合自己的教学实践、管理实践、服务实践，探索学科育人、管理育人、服务育人的有效方式，主动挖掘教学、管理和服务中的德育元素，让德育渗透到自己的日常工作和学习之中。只有主动探索"以德育德"的有效方式，教师才能真正承担起立德树人的价值和任务，这也是加强教师师德师风建设的另一个维度的要求。

3. 将师德师风融入专业发展的实践

在推动教育强国建设和教育现代化的时代征程中，教师的价值无可替代，强调师德师风建设，不仅是要求教师做一个道德高尚的人，也不仅是要求教师增强自己的育德意识和育德能力，最为重要的是教师要在思想层面认识到自身专业成长的迫切需要，将师德师风建设与自身的专业成长实践有机结合，让师德师风建设成为促进自身专业成长的思想动力，也在专业发展的实践当中检验和落实师德师风建设的成效。从根本上说，师德师风建设不是一种独立于教师队伍建设之外的独特设计，它要与教师专业发展的实践有机融合。将师德师风建设融入专业发展实践之中，教师需要做好以下工作：

第一，要坚持学生发展为本，主动关心关爱学生，了解学生需求。遵从教学和管理中的学生立场，加强对学生的思想引领、学业指导和社会情感支持，

---

[1] 杨小玲.中小学教师育德能力的现状及改进策略[J].当代教育科学,2016(20):36-40.

通过有效的引导，促进学生全面发展和综合素质提升；第二，要坚守学科教学阵地，认真研究"双新"改革背景下的学校课程教学改革之道，探索核心素养和立德树人大背景下的学科教学转型方式，探索信息技术融入课程教学的有效方式，探索跨学科、项目化、大单元等新型教学方式，通过教与学的转型创新，实现育人方式的转型，落实新时代课程教学改革的理念；第三，教师要有研究的思维，跳出单纯的事务性工作，以研究的视角审视自己的专业实践，对影响和制约学生发展、教学改进、自身成长的问题形成主动探索、主动研究的意识；最后，教师要从点滴实践做起，认识到师德师风建设的最基本要求是恪尽职守，完成自己的工作任务，杜绝好高骛远、虚无缥缈的想象和设计，通过扎实的行动在推进学校教育教学改革和人才培养变革的实践中彰显自己的师德师风。

（三）建构师德师风建设的实践体系

加强师德师风建设，既是教师个人的重要使命，也是学校强化教师队伍建设的重要领域。对于学校而言，要充分重视师德师风建设的重要意义，着眼师德师风建设的重要价值、丰富内涵、复杂样态等建构完善的师德师风建设实践体系，创设具有实践价值的运行机制。

1. 完善"外引内激"的师德师风建设制度体系

制度既是学校文化、办学理念、教育哲学等的体现，也是深化学校办学理念，提升教育、管理质量和效率的重要途径[1]，重视制度建设，理应成为学校推进师德师风建设的首要载体。进入新时代，教师职业的道德要求被提升到了一个更高的层面，如何通过外部的制度保障和教师内在的道德自觉构筑教师职业道德的双重保障，这也是任何学校教师队伍建设过程中的重要命题。三中心小学在充分研究新时代教师队伍建设的整体政策导向和理论趋势的基础上，结合学校教师队伍建设的实际情况，着力对教师师德师风建设的校本制度体系进行建构，形成了丰富的制度体系。以下是具有代表性的相关制度：

静安区闸北第三中心小学教师育德常规细则

为进一步贯彻教师法和《中小学教师职业道德规范》的精神，落实《阳光教师每一天》的具体要求，以促进学生健康成长为准则，引导全体教师争做"有理

---

[1] 武秀霞.制度创新与学校特色发展[J].教育学术月刊,2018（07）:63-69.

想信念、有道德情操、有扎实学识、有仁爱之心"的好教师,特制定本细则。

一、垂范引领

阳光教师要爱岗敬业,以自己高尚的人格和品德去教育、影响学生,自觉成为学生的表率和楷模。在日常工作中,教师要做到:

(1)升旗仪式时庄严肃立,唱国歌时声音响亮。大型集会活动中能根据要求及时指导教育学生。

(2)对于学生的问候、道别,热情回应;对于学生的协助、配合,真诚感谢。

二、规范管理

阳光教师要自觉遵守法律法规及教师行为规范,争做先进文化的传播者、倡导者,教育事业的辛勤耕耘者。在日常管理工作中,教师要做到:

(1)二分钟预备铃:准时进入课堂,督促学生迅速准备好学习用品。

(2)去专用场所上课:指导学生列队安静有序,上下楼梯靠右走。

(3)课堂教学与活动:专课专用,认真上好每一节课。

(4)午间管理:准时到岗,教育学生安静有序、杜绝浪费。

(5)两操:及时出操,并加强巡视与指导。

(6)监考:加强巡视,不做与监考无关的事。

(7)放学带队:关注学生队列整齐、不穿越红线,督促值日生做好"三清三关"。

(8)和学生家长沟通:以尊重为前提,注重倾听,言语规范,注意场合。

三、公平待生

阳光教师要坚持育人为本,育德为先,创造平等和谐、教学相长的师生关系,让每一个学生健康快乐成长。在日常教育中,我们要做到:

(1)注重学生的隐私,保护学生的自尊,为特殊的学生营造和谐的班级氛围,不设置"特殊"座位。

(2)尊重学生人格,不剥夺学生应有的权利,在各项选举或评选活动中公平公正,按照规范的流程进行。

静安区闸北第三中心小学阳光学校教师师德规范

为进一步贯彻落实教师法和《中小学教师职业道德规范》,引导全体教师争做"有理想信念、有道德情操、有扎实学识、有仁爱之心"的"四有好老师",特制定阳光学校师德规范。

一、怀仁爱之心，行育人之本。坚持育人为本，德育为先，引导学生全面、健康成长；因材施教，循循善诱，让每个学生都感受到教师的人文关怀，创造平等和谐、教学相长的师生关系。

二、修师德之道，崇为人师表。爱岗敬业，忠于职守，淡泊名利，乐于奉献，以自己高尚的人格和品德去教育、影响学生，自觉成为学生的表率和楷模。

三、守为师之规，重依法治教。自觉遵守法律法规及教师行为规范，争做教育事业的辛勤耕耘者、先进文化的传播者与倡导者。

四、惜师誉之名，尚廉洁从教。自觉维护教师的荣誉，坚守高尚情操，自觉抵制社会不良风气；严格按照教育部关于"六个严禁"的规定要求，自觉拒绝有偿兼课、有偿补课、有偿家教，自觉规范自己的从教行为。

五、尽师智之能，树笃学之魂。以刻苦钻研的态度去熟悉业务，以饱满的热情去教书育人；认真上好每一堂课，不辱"传道、授业、解惑"的光荣使命。

学校制度建设是教育管理中的重要环节，它对于提升教育质量、保障教育公平、促进学生全面发展具有深远的价值。对于师德师风建设而言，制度建设是学校推进师德师风建设实践体系的基础性内容，三中心小学在学校层面师德师风建设的相关制度中，将国家层面师德师风建设的要求同学校的教师队伍建设实际进行了有效结合，从外部约束和内部激励两个维度引导教师明确在新时代学校教育体系中自己能做什么，不能做什么，帮助教师划清师德师风的"红线"，也让学校师德师风建设的考核评价等有了相应的依据，为师德师风建设长效机制的建构奠定了基础。

2. 营造"三研一体"的师德师风建设工作格局

组织和文化是学校作为一个正式系统的显著标志，组织和文化，也能够为师德师风建设提供相应的外部氛围和实践路径。一方面，学校组织对教师的道德学习进程乃至整体生活有着深刻的影响。从整体特性来看，学校组织具有成为道德主体的可能性，与教师道德学习构成一种彼此依赖、相互支持、共同发展的关系[1]；另一方面，发展师德修养主要靠教师个人自主、自律的进取心和学校文化环境的熏陶。构建形成良好师德的学校文化，包括正确的观念文化、浓郁的学习文化、严谨的研究文化和奋进的团队文化[2]，应发挥文化的整体浸润作

① 傅淳华，杜时忠. 教师道德学习的组织困境及其超越——学校组织道德学习的视角[J]. 教育科学，2020（04）：51-56.

② 曹宝龙. 构建发展师德修养的学校文化[J]. 中国教育科学，2023（06）：145-154.

用。如何将组织的支持和文化的引领相结合，建构一种整体融合组织管理、文化浸润、教师自觉的师德师风建设工作格局，是三中心小学一直致力探索的重要命题。

创办一所人文景观自然和谐、人心积极向上、让师生感受安全与幸福、在教与学的互动中实现共同成长的阳光学校，一直是三中心小学在办学中的坚守。多年的阳光学校建设历程中学校一直秉承"赋学生生命成长以阳光，赋教师主体价值以阳光，赋学校内涵发展以阳光"的办学理念。因为学校所要追求的是一种让每个孩子走进阳光的教育，走进充满尊重、充满理解、充满赏识、充满激励的教育。正是基于这样的认识，多年来，学校的德育工作一直尝试打造一个以"德研、教研、科研"三研为一体的优化育德系统，力求提升办学品质，助力学生如阳光般灿烂生长。

（1）加强德研，让机制建设成为育德的保障。

首先，健全全员育德的管理机制。德研的目标就是要培养一批具有全面育人观的教师。过去教师更注重自己的学科教学，而学校现在崇尚"五育"并举，以德为先，首先就是要让教师重视自己的德性与德能。为此，在阳光教师的打造中，学校将全面育人、全员育德放在了首要位置。从健全育德管理机制做起，构建了从校长室到课程部，再到年级组、教研组，最后覆盖全体教师和全体家长的管理体系。在教师育德管理方面，学校制定了《阳光教师每一天——教师工作守则》《静安区闸北第三中心小学教师育德细则》，关注教育细节，明确职业操守，使规范的行为成为教师教育教学生活中不可分割的一部分。在教师育德研究方面，学校建立了一年一度为期三个月的"师能研习"活动，聚焦教育的重点问题、难点问题、热点问题，与时俱进，全面提高教师育德能力。同时学校还建立了两周一次的德研活动机制，双周五上午以年级组为单位，开展德育教研活动，做到"四定"：定时间、定地点、定主题、定主讲。在推进中，学校坚持通过德研活动渗透教育思想，通过德研活动研究教师的教育方法。在家长育德管理方面，学校将传统的"家委会"管理制度革新为"家校共育团队建设"，将家长参与学校的管理重心放在合作共育上，并通过"父子课堂""母女课堂""家长学校"等途径将其落地。

其次，重视"以德为先"的课程建设。近年来，承载着阳光办学的愿景，结合学生个性化成长需求，学校一直以阳光新城课程建设为载体，尝试打造一个学生自主设计、自主建设、自主管理，寓活动性、童趣性、创造性于一体的成长场域。为了将阳光新城打造成一个互动、多元的生命成长场域,学校主要以"阳光德馨园"课程建设为载体,不断提升育人功能。"阳光德馨园"是学校阳光课程的体系框架中建立的育德课程,旨在遵循学生成长规律,关注每一个学生的成长,尊重每一个学生的个性差异,其最终指向是让学生在学会求知、学会做事的过程中成为具备"理想信念、公民素质和健全人格"的合格小公民。其内容和形式绝不仅仅局限于知识性德育课程,还要构建实践性、生活性德育课程,例如:

新城成长记——仪式教育的实践与探索。"新城成长记"是根据学生在新城中的成长过程开展的活动性育德课程,是对学生开展仪式教育课程化的一种探索。根据学生的年龄特点,学校设计了梦想启航、追梦前行、圆梦助力三大主题课程群,并逐步形成了春芽、新叶、绿苗、繁花、硕果五个板块的活动课程内容。其中,"梦想起航"旨在帮助低年级学生融入校园、融入班队,完成从幼儿园小朋友到小学生的角色转变;"追梦前行"围绕德智体美劳五个领域,帮助学生储备全面发展的能量,并逐步从父母、老师的陪伴走向生活与学习的自主和自立;"圆梦助力"旨在让学生通过大手牵小手,小手牵大手,走出班级,走出校园,关注人际交往,重视规则意识,不断增强责任感。

阳阳灿灿每一天——行规教育的完善与提升。暖阳阳和金灿灿是我校学生设计的新城吉祥物,也是孩子们的代言人。学校依托这两个人物设计了校本教材《阳阳灿灿每一天》,这也是学校落实行规养成教育的重要内容。行规养成教育的具体目标在各个年级的教育内容中都得以体现、各有侧重。根据学生实际,学校每月都会针对性地制定行规训练点,明确规范—持久训练—及时评估—形成环境。为了让行规外化于行,内化于心,学校还开发了视频资料,还原阳光校园一天的行规要点和细节,让学生懂得如何做一个"有礼有节的人"。

阳阳灿灿告诉你——安全教育的丰富与优化。《阳阳灿灿告诉你》是结合社会安全和规则教育的绘本。它用儿童的视角,用孩子喜闻乐见的形式,边读童谣边掌握基本的安全知识和规则要求,让有意义的课程变得有意思。

（2）整合教研,让学科活动成为育德的载体。

近年来,学校努力把已有的德育各项零散、分项的活动与学科活动进行有机整合,梳理其内在联系,并以教研组为单位,紧密结合课程内容,充分利用各学科教学中的德育因素,在学科教学中引导学生形成符合社会规范的积极情感、态度和价值观。

首先，指向学科综合实践的"新城旅游节"。教育的本质是通过唤醒、激活、成就的方式培养一个具有社会适应能力的人、一个有创新精神和实践能力的人、一个拥有幸福生活能力的人。学校学科综合实践活动的设计理念的提出正是遵循这一教育本质，以此为方向，并通过学科实践活动项目群的构建及每一个小实践活动的实施去达成这个目标。通过实践活动来驱动欲望和兴趣、实践和体验、思维和意识，最终生成经验与技能、素养与情感、态度与价值。通过学科综合活动，让孩子完成对生活和世界的价值建构，成为一个具有生存和生活能力的阳光少年。基于上述认识，学科综合实践活动的评价主要从经验与技能、素养与情感、态度与价值三个维度，创新能力、批判思维、公民素养、合作交流、自我发展、信息搜集六个方面推进。"新城旅游节"是学校推进学科综合实践评价活动的主要载体，以"旅游"作为一种情境，拓展学习时空，打破学科界限，充分凸显学科评价的互动性、综合性、开放性。以新城旅游节之"一带一路，开启筑梦空间"为例，学校希望学生从书本走向生活，通过信息搜集、实地探访、数据统计、模型建构、情景再现等学习方式，对"一带一路"的起源进行一个项目学习，提升学生综合学习的能力。同时，学校对学生在各类学习活动中表现出来的创新能力、批判思维、公民素养、合作交流能力、自我发展素养、信息素养行为予以描述性的评价，促进学生素养的提升。

其次，指向探究合作的"新城小导师"。德研的核心指向是全面育人，因此学科活动理应为实现全面育人拓展时空。要引导教师把学科发展放在人的发展中一起思考。只有当教师真正站在人的发展高度去思考教育，才能真正理解学科的核心素养。学校的"新城小导师"活动正是基于以上思考而设计实施的学科育德活动。它从社会生活问题入手，以长周期小课题研究为组织形式，是学生自主团队开展的学习。活动通过学生自己聘请导师作指导，实现师生合作；通过学生自主组合、团队研究，实现生生合作。通过主题研究、课题展示等形式，实现跨学科学习，增强学生问题意识，提升学生解决问题的能力、探究能力、信息收集与处理的能力。如"我是未来城市建设者"——"新城小导师"综合实践活动就是着眼于学校阳光新城的建设，让学生自主选择学习内容和研究方式，并通过揭秘科技、课题展示等形式来描绘新城、畅想新城、设计新城，使学生真正成为学习的小主人。

（3）重视科研，让课题研究成为育德的助推器。

一方面，以课题为引领，让学校育人理念落地。为了实践阳光学校办学目标、教育理念和办学实践的三元统整，学校以教育科研为先导，积极倡导教育科研的群众性、实践性、校本性的本色特征，把学校的发展作为一个大课题来研究。十几年来，学校由改进师生关系起步，将研究的视角从关注教师观念的转变、课堂技术的精进、课程建设、关注学生的学习品质。目前学校又将研究的视角聚焦于"指向身心阳光的校园学习生态构建的行动研究"。此项研究正是基于学校对教育本质的追问和学校治理理念中学生立场的核心要求。让生命自由地呼吸，自由地成长，让每一个孩子的独特光芒都能够得到绽放，这是阳光学校新一轮发展中的追求。学校将继续从生命的维度让教育真正成为充满温情的活动，成为绽放生命光芒的有效方式。

另一方面，以问题为导向，让教师专业发展精进。本色科研，体现在一线教师植根实践、源于问题、亲近学生，它是那种田野式、草根式的鲜活科研，是教师专业发展中不可或缺的催化剂。实践中，学校把科研作为教师学习力提升的基本途径，引导教师寻找真问题、开展真研究。阳光学校学术节的主题活动，通过实践性研究、个案研究等方式开展科研活动，并以不同主题、不同形式进行科研成果的总结与提炼，分享"教育主张"和"优秀教育智慧"，最终以校刊《守望》作为活动总结，呈现科研成果。学校还成立了"85后"沙龙、青年科研中心组，定期组织青年教师互动交流，旨在深化教师学术研究力，让科研成为教师专业发展的重要载体，最终服务育德。

3. 拓展"全员导师"的师德师风建设实践平台

推进师德师风建设，既需要教师良好的师德师风建设和工作意识，也需要借助丰富的平台为教师育德意识、育德能力的提升提供实践机会。在推进教师师德师风建设的实践中，三中心小学注重通过全员导师制的探索，形成教师师德师风建设的实践平台。全员导师制是指班级任课教师与学生通过双向选择结成对子，通过全程跟踪、定期谈话，了解、引导学生，并有意识地采取个案辅导，关注他们的学习、生活和心理，促进学生思想道德素质的提高和发展[①]，这一制度设计，既是落实"三全育人"的要求，也是践行立德树人教育根本任务的必然选择。为了有效推进全员导师制，三中心小学首先制定了完善的全员导师制工作方案，为全员导师制工作的开展提供必要的政策和制度引领。

---

① 李艳珍.试述全员导师制在中学德育工作中的运用[J].内蒙古师范大学学报（教育科学版），2011（02）：28-29.

静安区闸北第三中心小学全员导师制工作试点方案（部分）

为全面落实中共上海市委、上海市人民政府《关于全面深化新时代教师队伍建设改革的实施意见》（沪委发〔2018〕18号）、《关于贯彻〈中共中央国务院关于深化教育教学改革全面提高义务教育质量的意见〉的实施意见》（沪委发〔2020〕3号）、上海市教委《关于推行中小学全员导师制的试点工作方案（讨论稿）》（以下简称"工作方案"）等文件要求，进一步加强学生发展指导，发挥教师队伍基础作用，提高全体教师的育德能力和家庭教育指导能力，推动教师人人成为学生健康成长指导者，建立和完善中小学生身心健康守护网，现就本校推行中小学全员导师制试点工作作如下安排。

一、指导思想

为了进一步加强和改进未成年人思想道德建设，深化阳光学校"三赋"办学理念，构建起"全员育人，全程育人、全方位育人"的德育机制，以"为了每个孩子心田的光芒"为宗旨，引导教师正确树立"人人都是德育工作者"的育德意识，努力探索新形势下学校德育工作新模式，促进每一个孩子健康、快乐、幸福地成长。

二、总体目标

动员多方力量，整合多种资源，动态把握学生的成长发展轨迹，形成"教师人人是导师，学生个个受关爱"的全员育人的新局面，实现个性化的教育引导、教育咨询、教育服务的工作新模式。

三、基本原则

（一）全面性原则。教师全员参与，覆盖全体学生，全面、深入了解学生在学业、心理、生活、成长等各方面的情况，师生共同讨论，协商确定符合学生实际的发展目标和路径，促进学生德智体美劳全面发展。

（二）教育性原则。结合学生身心特点和实际需求，注重人本性、渐进性、系统性，为学生全面发展提供良好成长空间。

（三）个性化原则。发现、研究学生在兴趣、性格、成长经历等方面的个性差异，因材施教、因人施导，促进学生实现个性发展。

（四）发展性原则。研究、遵循学生身心发展特点及认知规律，循序渐进、科学施导，促进学生的健康成长和终身发展。

四、导师的主要任务

（一）思想引导。引导学生坚定理想信念，正确认识并学会处理自我、他人、社会和国家的关系，积极践行社会主义核心价值观，树立正确的世界观、人生观、价值观，形成良好的思想道德品质。

（二）学业辅导。定期帮助学生进行学业分析，发现问题，提出建议，指导学生自主制订学习与发展计划，激发学习动力，培养良好学习习惯，改进学习策略和学习方法，提高学习效率。

（三）心理疏导。关注学生的心理健康和成长需求，通过个别谈心、座谈等多种渠道及时了解学生心理状况，帮助学生创设宽松的心理环境，疏导不良情绪，化解心理压力，正确对待成长中的挫折和烦恼，培养学生调控情绪、应对挫折、适应环境的能力，培育积极心理品质。

（四）生活指导。经常性与学生家长沟通，了解学生的家庭情况，力所能及地帮助学生解决生活中的困难。掌握学生在家庭中的表现，配合家长指导学生养成健康的生活习惯，科学合理安排日常生活，培养学生自制、自主、自理能力。

（五）生涯向导。指导学生发现并了解自身的兴趣爱好，全面认识自我；明确发展方向，确立成长目标。根据学生个性特点，作好生涯规划指导，为学生的终身发展引路和奠基。

五、学校全员育人导师制的组织领导

学校成立全员育人导师制工作领导小组，构建工作管理网络。全员育人导师制工作领导小组组长：

校长：全面负责学校全员育人导师制工作的统筹、部署。

书记：全面监督、协调学校全员育人导师制工作，负责宣传教育和指导。

学校全员育人导师制工作组分工：

（1）日常管理团队负责人：王力文、宋延辉、江赟应。主要负责全员育人导师制工作的宣传工作和日常管理，建立规范的管理制度，并深入调查了解此项工作的运行情况。

（2）导师研培团队负责人：韦敏、戚昱薇、陈来秀。主要开展导师团队的日常研修与培训工作。

（3）阶段评估团队负责人：张剑萍、孙敏、陆琴。主要通过定期的调研，为此项工作提出改进意见和建议，思考学校德育发展方向，引领广大教师积极参与全员育人导师制工作。

（4）服务保障团队负责人：胡伟东。主要为全员育人导师制工作的推进提供技术和设备等保障服务。

六、试点阶段重点研究内容

学校拟在试点阶段重点开展以下几项研究与实践:

（一）单年级整班全覆盖式试点研究

学校全员导师制试点工作拟选定三年级作为单年级整班全覆盖试点年级，以期通过试点为工作的全面铺开积累相关经验。

1. 导师匹配机制优化

通过一系列培训与考核的导师，将由学校进行导师聘任，发放聘任书。设计导师名牌，实行岗位亮牌，增强导师荣誉感、责任感。面向家长和受导学生发放专属导师名片，方便家长、学生与导师的沟通与交流，使家长和学生明确，学生遇到问题，导师可以答疑解惑、做知心朋友。

全体教师原则上都有担任学生导师的义务。学校在为学生配置导师时，应充分尊重学生的自主权和选择权，每位导师与学生之间的配置比例原则上不超过1∶15。针对个别具有特殊指导需求的学生，可以采用"多对一"方式匹配多名导师。

2. 导师专业素养提升

（1）聘请专家团开展系列讲座。

聘请市、区级各类相关专家团队，开展相关文件解读、心理咨询、家校沟通、亲子互动等方面的专家讲座，为此项工作的开展做好导师高阶培训工作，使广大导师在上岗之前能够充分武装好，不打无准备之仗。

（2）开展校级基地自培工作。

依托本校德育骨干、心理教师、行政领导等开展操作层面的自主培训，通过传帮带、主题研讨、微论坛等方式对导师职责、导师家校沟通、导师谈心等进一步厘清思路、明确方向。

（二）单班年级覆盖式试点研究

除三年级外，其余年级各选择一个班级作为试点班级，开展全员导师制试点工作。便于总结各年级段在开展试点工作中凸显的问题。

1. 做好导师制全面启动的舆论准备

召开全体教职工大会，传达上级部门关于全员导师制的要求及文件精神，使全校教职工明确这项工作的重要性和紧迫性，明确在此背景下全员导师制实施的必要性，使全校教职工在此项工作上初步形成思想上的重视和共识。

对校级全员导师制实施方案进行系统、详细的解读，并解释教职工此项工作存在的问题和质疑，使教职工在后续工作中有据可依，能够更高效地开展工作。

2. 开展教师专业素养全校摸底工作

（1）知识储备阶段。

组织全体教师参加专家团培及学校接地自培两项培训，学校同时会提供相关专业书籍供教师自学，帮助教师储备好开展此项工作的相关知识，以便后续科学、有效地开展工作。

（2）专业素养考核。

通过教师育人专业知识测试、专业能力测评以及心理健康评估，选拔一批育人价值观正确、教育方法先进科学、教育经验丰富且身心健康的导师。

3. 各学段导师制机制衔接

全员导师制设年级导师团团长，负责本年级此项工作的落实、反馈；确立联席会议制度，双周召开全员导师制联席会议，设计"一人一档手册"，并对工作的推进、产生的问题等作反馈与交流，共同寻找对策，解决问题。

充分发挥班主任在班级管理中的主导、统筹作用，建立以班主任为核心、育人导师参与的导师联席会议制度，共同商讨班级学生整体状况和导师工作开展总体情况，相互交流学生在思想、学习、生活等方面的具体情况。解决班级管理和学生发展中存在的问题。不断提高导师工作的针对性和实效性，促进班级管理和导师工作的协调推进。

4. 跨学科任教学科导师选聘与培养

发挥学校行政领导团队、"向日葵"工作室德育骨干团队的传帮带作用，根据跨学科任教学科导师的学科特点、个人特长等科学选择受导对象，通过一系列富有针对性和实效性的培训与考核帮助跨学科导师尽快转变角色，树立人人都是德育工作者的意识。

在实际工作中，充分发挥班主任的育人与协调作用，帮助跨学科任教学科导师顺利开展工作，遇到问题更好地解决，逐步提高这些导师的指导能力。

（三）"多对一"案例式试点研究

1. 建立校内外协同育人机制

对于需要特殊关爱的学生，学校将建立校内外协同育人的机制，开展"多对一"案例式研究。导师要主动与家长联系，及时反馈学生的表现，取得家长的配合和支持，并帮助和指导家长改进家庭教育，形成教育合力。学校也会会同心理健康专家、家庭教育指导专家，定期分析特需孩子的情况，形成有针对性的教育处方，最大限度提高教育效果。

2. 探索一人一档特需模板建设

建立特需学生个性化档案，追踪学生成长轨迹，记录育人工作过程和实效。导师要及时了解学生思想状况、身体健康状况、行为习惯、兴趣爱好、近期的思想和行为动态变化，在学习时间、方法等方面给予学生合理建议，遇到学生思想波动及时进行梳理。

在全员导师制工作方案制订的基础上，学校充分发挥教师的能动性，在全员导师制的实践方式上进行充分探索，形成了具有学校辨识度和区域影响力的行动路径。

首先，价值引领，让导师认同新角色。通过学习，学校感到全员导师制中的"全员"指向的是数量，是进一步深化"人人都是德育工作者"的实践落脚点。而"导师"指向的是质的要求，让教育者在全面的基础上更关注个体，打造为每一个孩子量身定制式的专属教育。因此，如何让导师正确认识并认可自己教育角色的新定位，且愿意主动去承担教育责任很重要。因此在工作推进伊始学校特别强调思想价值的引领，并提出了导师开展育人的三重价值维度：尊重、发现、唤醒。尊重是三中心小学教育专属导师们的首要价值哲学，导师在开展教育时要顺应学生天性，发展学生个性，涵养学生品性；发现就是每一位导师都要有一双善于发现美的眼睛，去创设环境与条件，引导学生将内心深处的光芒以独有的方式呈现出来；唤醒就是导师的教育任务在于唤醒每一个孩子心中的潜能，帮助他们找到隐藏在体内的特殊使命和注定要做的那件事。

其次，研修跟进，让导师胜任新岗位。全员导师工作是一项兼具科学性和艺术性的活动，如何让导师具备胜任力？研修是关键。因此，学校以问题引领，开展导师校本研修活动。前期学校进行了导师问题的征集，共征集了导师比较关注的 38 个问题。学校对这些问题进行了梳理，将其作为我校导师胜任力提升的研修内容。我们围绕"德"（道德修养）、"技"（专业技能）、艺（教育智慧）三个板块建立了研修课程。研修中，学校变革校本研修模式，充分利用学校老教师多的优势，建立了"向日葵"工作室，开展每月一次的德研培训；利用德育骨干的可复制的育人经验，逐步推出了一批专题式培训课程；学校还成立了以 30 年教龄的教师为核心的教育梦想导师团，引领正确的育人观，使导师自主发展的强大内驱成为主流。

再次，氛围营造，让导师发挥新作为。为了不断提升导师工作中的效能感，三中心小学提出了"以情为纽带，让爱润心田"的实施方案，旨在通过让学生喜欢导师，让家长信赖导师，把"全员导师制"这项功在当下、利在长远的好事做好。一方面，将"情趣"融入导师匹配活动中。根据"全员导师制"的相关文件精神，要求配置导师时，应充分尊重学生的自主权和选择权。怎样做到既兼顾孩子的感受、顾及家长的焦虑，同时又避免出现选择班主任、语数英老师一边倒的现象呢？于是"我和导师的缘分藏在盲盒里"的活动孕育而生。孩子们怀着一份期待和惊喜在盲盒中找到自己的专属导师，开启了一段与导师牵手结缘之路。对于部分特殊的孩子，学校采用一对一的专属导师匹配方式，给孩子更多一份关爱。通过送上见面小礼物，设置表扬信、进步礼等方式进一步引导孩子逐步与导师建立亲密和信赖关系。另一方面，将"同理心"融入家校沟通中。"全员导师制"工作的实施对于家长而言更是陌生。面对家长既欢迎又迟疑的心情，学校组织开展了专题家长会。让家长了解工作的意义，并且就疑虑进行解惑。针对家长对非班主任担任自己孩子导师的缺憾，学校组织了"我与导师面对面"的见面活动，导师们站在自己既是老师又是家长的不同角度，和家长一起聊聊关于教育的那些事，逐步达成共识，架起沟通的桥梁。将"同理心"融入家校沟通中，是让家长信赖导师的关键。

最后，聚焦问题，激发导师新能量。学校创造性地探索了问题链视角下的全员导师工作路径，通过对导师共同关注和困惑的问题的搜集整理，形成破解思路，消除导师后顾之忧，激发导师工作的积极性与内在动力。在前期的探索中，主要破解了四个问题：

问题一：如何解决导师与受导学生"尬聊"现象？

在调研中，导师们说和孩子面对面聊天，往往会出现"尬聊"的现象。丰富聊天的形式和途径是我们需要研究的一个内容。除了与孩子们面对面交流，网聊是不错的选择。疫情期间，导师与学生在"钉钉"平台建立了聊天室。在网络空间中，平时面对面交流比较拘谨的学生，也容易得到释放，能够大胆地和老师去分享、交流他的想法。同时，学校还设计了《和大朋友在一起的日子》手册，其中设计了"信来信往"板块，让孩子能静下来，把自己这段时间的一些学习生活状态写给老师。导师在阅读小朋友们文字的同时，也能够去了解他们最近生活的状态，如最近吃到的美食、父母的工作状态，甚至家庭矛盾、自己的不开心，孩子们都可以诉诸笔端，成为导师与学生之间沟通和宣泄的通道与平台。

问题二：如何让家长接受"导师"角色？

在调研中，导师们说，作为教师，平时主要通过家长会或微信和家长进行个别沟通，对象一般为问题学生的家长，话题也主要是学业或行规。综合类学科的教师则反映平时和家长沟通的机会很少，在家长眼里，自己就是一个副科教师，往往会被边缘化。如何让家长接受自己的"导师"角色呢？教师担任了导师之后，面对不同的学生，个性不同，学校要引导教师站在育人的角度和家长进行沟通。要让家长接受导师，当务之要就是提高导师的专业指导能力。因此，为导师们提供一些专业支持尤为必要。学校作了三方面的探索，形成了三条实践经验：一是细化流程，明确做什么；二是注重研究，思考怎么做；三是注重互动，探索如何做得好。

问题三：如何在"全员"的基础上更好地关注个性化教育？

两年来，除面向全体的导师与受导学生一对多辅导模式外，学校还会排摸各年级的特殊学生，组建由学校德育名师、学校心理教师等组成的导师"多对一"指导团队对这类学生进行针对性的辅导。随着工作的深入推进，学校感到不能把"特殊"仅仅定义为行为特别的"困难"学生，还应关注有特殊学习发展需求的学生。由此延伸开去，本学期在数学、科技两个领域学校对有特殊学习发展需要的孩子进行多对一导师结对，期待能够在更广的维度让特殊学生通过全员导师制工作受益。

问题四：在实践中，如何做好导师的储备工作？

为构建起"全员育人、全程育人、全方位育人"的德育机制，促进全员导师工作的全面推进，学校觉得对于导师的培养、储备也是急需研究的。学校开展教师专业素养全校摸底工作，组织全体教师参加导师团培及学校接地自培两项培训，学校同时会提供相关专业书籍供教师自学，通过三种方式帮助教师储备好开展此项工作的相关知识，以便后续科学、有效地开展工作。通过教师育人专业知识测试、专业能力测评以及心理健康评估，选拔一批育人价值观正确、教育方法先进科学、教育经验丰富且身心健康的导师。学校注重各学段导师制机制衔接。全员导师制设年级导师团团长，负责本年级此项工作的落实、反馈；确立联席会议制度，双周召开全团导师制联席会议，对工作的推进、产生的问题等作反馈与交流，共同寻找对策，解决问题。学校倡导跨学科任教学科导师选聘与培养，根据跨学科任教学科导师的学科特点、个人特长等科学选择受导对象，通过一系列富有针对性和实效性的培训与考核帮助跨学科导师尽快转变角色，树立人人都是德育工作者的意识。

　　整体而言，师德师风建设关乎教师队伍建设的整体水平，关乎教育强国建设的时代伟业，也关乎每一所学校的发展和每一个教师的专业成长。师德师风建设，既是一项重要的政治性工作，也是一项重要的专业性工作，既有其内在的规律和整体要求，也需要每一个教师结合自身实践探索有效的个性化路径。只有每一所学校、每一个教师都能够牢固树立起强化师德师风建设的自觉意识，主动学习习近平新时代中国特色社会主义思想和党的最新理论，学习教育改革发展的政策与精神，积极践行教育家精神，涵养"躬耕教坛，强国有我"的使命感召，从自身做起，从身边做起，从小事做起，争做师德师风建设的先行者，师德师风建设才能真正建构起长效机制，高质量专业化教师队伍的打造才能有根本性的保障。

第三章 发展师能：教师本领的修炼

在倡导高质量专业化教师队伍建设的今天，教师的专业能力建设受到了越来越多的重视，这一方面是因为教育改革和社会发展，对教师的能力提出了更多样化、更深层次的要求；另一方面，也是因为当前很多学校和教育系统中，教师的整体能力和素养还难以真正匹配教育现代化和教育强国建设的需要，在教师队伍建设和教师专业发展的历史进程中，注重发展教师的师能，帮助教师建构起匹配时代发展需要的能力体系，始终应该是一个热门研究领域。

能力本身是一个复杂的概念，从哲学的角度看，能力指一个人在认识和实践活动中形成、发展并能表现出来的能动力量。从心理学的角度看，能力是作为掌握和运用知识技能的条件并决定活动的效率的一种个性心理特征。教师的能力是一个多元化的系统，其中的核心是教师的专业能力，它是教师在教育教学活动过程中运用一定专业知识和经验顺利完成某种教育教学任务的活动方式和本领。教师的专业能力是教师综合素质的外在表现，是教师专业发展中最具实践价值的领域。回溯教师能力的相关研究脉络，可以发现教师能力研究与社会和教育的背景密切相关。国内外教师能力理论研究大致经历了三个阶段[①]：20世纪初及之前，为第一阶段，这一阶段对于教师能力的研究是比较零散的，以经验探索为主，形成的结论比较模糊；20世纪初期到20世纪80年代，为第二阶段，其基本的范式是通过心理学和其他自然科学中的相关理论引入，将量化的方法作用于教师专业能力体系的建构，试图形成对教师能力体系的"科学表达"；20世纪80年代以来是教师能力研究的第三阶段，这一阶段，不仅体现在教师专业能力逐渐与国家的教师教育政策、教师专业发展的理论密切关联，而且研究教师专业能力的方法论体系不断健全。整体而言，已有的教师专业能力理论可以分为心理结构理论与教育功能理论。教师专业能力的心理结构理

---

① 朱旭东.教师专业发展研究［M］.北京：北京师范大学出版社，2018：86-90.

论将教师专业能力视为多种心理特性的综合。教育功能理论则具有更明确的实践指向，意图说明教师专业能力是为解决哪些教育实践问题而服务的①。尽管不同研究者建构教师专业能力体系的思维方式不同，形成的结论也各有差异，但是三条基本的共识已经形成：其一，教师能力的研究是教师专业发展理论与实践体系的重要组成部分，有必要也有可能成为一个相对独立的研究领域；其二，教师的能力是一个复杂体系，可以从不同维度对其进行多样化的建构，教学能力、科研能力、课程能力、创新能力、管理能力、自我发展能力、信息化能力、交往沟通能力、合作反思能力、社会情感能力、资源开发能力等，都可以作为教师能力的表征；其三，教师的能力体系是一个开放的系统、社会发展、教育变革、社会进步，都会给教师的能力体系提出新的要求，因此，教师需要不断完善、丰富自己的能力体系。

一、师德师能师识的关系厘定

教师的能力和素养是教师专业发展体系的重要组成部分，但是，对于教师能力的研究，又不能够完全脱离教师其他领域的素养进行，从目前国内学者建构的教师能力体系看，多数研究者建构的教师能力标准都包含了夯实教师专业知识，发展教师道德素养等领域的要求，这意味着，教师专业发展各领域、各子系统之间不是完全割裂的关系，要建构校本化的教师能力提升体系，首先要在观念层面对师德、师能、师识的关系进行科学把握。

（一）师德是灵魂

师德，即教师职业道德，这是教师专业发展和教师素养体系的首要内容，建设高素质教师队伍，必须坚持"以师德师风为第一标准"。本书第二章中，基于对师德师风建设极端重要性的认识，笔者专门就学校层面的师德师风践行进行了论述。整体而言，教师职业道德建设是教师专业发展的核心要素，构成教师成长的"灵魂"。这是因为，师德建设能够为教师专业发展提供价值观的引领，师德是教师职业行为的内在规范，它体现了教师对教育事业的热爱和对学生的关爱。一个

---

① 胡卫平，张晓.教师专业能力发展的理论与实践［J］.陕西师范大学学报（哲学社会科学版），2018（02）：139-145.

具有良好师德的教师，能够以身作则，传递正能量，对学生产生积极的影响；师德师风建设是教师专业成长的基石，师德不仅是教师职业道德的体现，也是教师专业素养的重要组成部分。一个教师如果缺乏良好的师德，即使专业知识再丰富，也难以得到学生和社会的认可。师德师风建设，关乎教育质量提升和教师社会形象的塑造。教师的行为、态度会影响学生的学习态度和行为习惯，进而影响教育效果。只有教师具备良好的师德，才能更好地引导学生，提高教育质量。教师是社会的楷模，他们的行为和品德会受到社会的广泛关注。良好的师德有助于塑造教师良好的社会形象，增强社会对教师职业的尊重和信任。师德建设是一个持续的过程，它要求教师不断自我反思和提升。这种持续的自我完善是教师专业发展的动力，有助于教师在职业生涯中不断进步。因此，师德建设不仅是教师个人发展的需要，也是教育事业发展的需要。通过加强师德建设，可以促进教师队伍的整体素质提升，为培养更多优秀人才打下坚实的基础。

（二）师能是本领

能力原本是心理学范畴的概念，《中国大百科全书》解释为："它是作为掌握和运用知识技能的条件并决定活动的效率的一种个性心理特征。"而"活动的效率是指活动的速度、水平以及成果的质量"[1]。但由于能力的使用频率越来越高、使用范围越来越广，如今它的外延已经大为扩大，包容性极广。它既可以针对个体而言，也可以针对某一群体甚至一个国家而言。从内容上来看，它不仅包括人的实际能力，也包括人的心理潜能。由于教师能力是一个不断发展着的范畴，所以人们对教师能力的认识尚难取得共识。为了较好地阐明教师能力的内涵，比较现实和可行的办法是突出教师工作的独特性，给它一个描述性的定义。这一定义必须满足以下基本条件：第一，要切实体现教师能力的特殊性，反映出教师能力独特的本质；第二，对于教师能力的理解，要有深刻的教育学理论背景，不能凭空设计；第三，教学活动是教师工作的中心任务，教师能力的定义要着眼于教学活动本身；第四，教师能力的定义应能为教育实践和教师工作提供理论指导，具有较强的可操作性。

根据上述认识，本书将"教师能力"界定为：教师能力是教师在教育活动

---

① 中国大百科全书出版社编辑部. 中国大百科全书·心理学（上）［Z］. 北京：中国大百科全书出版社，1991：225.

中形成并表现出来的、带有明显职业特点的特殊能力，它体现教师履行教师职责的适应程度和承受水平，是教师从事教育活动所需的一种无形的能动力量。教师专业能力是教师专业发展研究的重要领域。这一领域中，最为重要的研究成果是国际培训、绩效、教学标准委员会（International Borad of Standars for Training, Performance and Instruction, 简称 IBSTPI）制定的《教师能力标准》。IBSTPI 根据对大量教师及教育利益相关者的调查研究，总结概括了涵盖 5 个维度、18 项能力和 98 条具体绩效指标的教师能力标准体系（表 4-1），为全面理解和建构教师能力体系提供了一个整体性的样本。教师的能力是随时代发展不断动态演变的，因此，学校在进行教师专业发展制度建设的过程中，一方面应该聚焦教师的能力建设，着力提升教师为师的基本职业素养；另一方面，也要将教师能力建设融入教师队伍建设的整体思考，通过动态化的设计确保教师形成适应时代发展的多元能力的素养。

表 4-1 IBSTPI 建构的教师能力标准体系 [1]

教师能力维度	教师能力标准
专业基础	有效地交流沟通 更新和提高自己的专业知识与技能 遵守道德规范和法律条文 树立和维护职业声誉
计划与准备	设计教学方法和教学内容 教学准备
教学方法与策略	激发并维持学习者的学习动机和学习投入 表现出有效的表达技巧 表现出有效的促进教学技巧 表现出有效的提问技巧 提供阐释和反馈 促进知识和技能的巩固 使用媒体和技术来加强学习、改进绩效 促进知识和技能的迁移

[1] Klein J D, Spector J M, Grabowski B, 等. 教师能力标准——面对面、在线及混合情境 [M]. 顾小清, 译. 上海：华东师范大学出版社, 2007：18-23.

（续表）

教师能力维度	教师能力标准
评估与评价	评估学习和绩效 评价教学效果
教学管理	管理促进学习与改进绩效环境 适当地使用技术管理教学过程

　　整体而言，教师的专业能力在其整个专业素养体系中占据重要地位，也是教师专业活动在实践领域最重要的彰显，提升教师的专业能力，对于教师自身发展、教育整体变革和人才培养质量的提升都具有积极价值。教师的专业能力直接影响到教学效果。具备高水平专业能力的教师能够设计出更有效的教学计划，运用多样化的教学方法，激发学生的学习兴趣，从而提高教学质量。随着教育理念、教学技术和课程内容的不断更新，教师需要不断提升自己的专业能力，以适应这些变革。只有不断学习，教师才能掌握最新的教育趋势和方法，更好地服务于学生。教师的专业能力不仅包括学科知识的传授，还包括情感教育、价值观培养等方面。通过提升专业能力，教师能够更好地关注学生的全面发展，帮助他们成为有知识、有能力、有责任感的社会成员。专业能力的提升可以帮助教师更好地应对教学中的挑战，提高工作效率和成就感。这不仅能够提升教师的职业满意度，还能够吸引和留住优秀的教育人才。专业能力强的教师能够更公平地对待每一个学生，确保每个学生都有平等的学习机会。这对于缩小教育差距、促进教育公平具有重要意义。在知识经济时代，创新能力成为人才竞争的关键。教师通过提升自己的专业能力，可以更好地培养学生的创新思维和实践能力，为社会输送创新型人才。简而言之，教师的专业能力提升对于提高教学质量、适应教育变革、促进学生全面发展、增强教师职业满意度、推动教育公平以及培养创新人才都具有重要作用。因此，投资于教师的专业发展，是提升整个教育系统效能的关键。

（三）师识是条件

　　师识，即教师的专业知识，它是教师专业发展的最基本构成，在整个教师专业发展体系中起着基础性作用。从概念上说，"教师知识"是教师从事教育实践活动所应具备的专业知识的总称，它可被界定为教师在日常教育教学活动中生成且为完成教学任务而应努力具备的知识总和。单个教师知识要素必须在知识结构中才能够获得存在的价值，并能作用于教师的教育教学实践。与之相对，"教师知识结构"可以简单地概括为由多种教师知识要素整合而成的专业知识体系，它是教师在教育实践活动中，经由自身学习、建构、反思、外化，最终储存在认知结构中而形成的多维度、多层次的动态知识体系，其中不仅包括不同知识要素间的比例构成、组织方式，还包括知识的整体存在样态[1]。很多时候，教师知识结构不是对各种教师知识要素的简单叠加，它体现在对教师知识各要素散乱状态的积极重组和改造。帮助教师建构合理的知识体系是促进教师专业发展的基础，这种知识的丰富和完善，既需要横向上不同领域知识的丰富和叠加，也需要围绕教师专业发展核心命题实现教师知识的结构化重组，通过一个有效的知识体系建构，帮助教师夯实专业发展的基础。

回顾不同时期教师知识的相关理论中教师知识结构主要包括本体性知识、条件性知识、实践性知识、一般文化知识在内的四种基本要素，这些要素如何体现和优化组合体现了不同研究者的研究思维，也生成了不同的研究结论（表4-2）。

表4-2　关于教师知识结构的代表性研究成果

研究者	关于教师知识结构的研究结论
舒尔曼	（1）学科内容知识；（2）一般教学法知识；（3）课程知识；（4）学科教学法知识；（5）有关学生的知识；（6）有关教育情境的知识；（7）其他课程知识。
斯滕伯格	（1）内容知识；（2）教学法知识；（3）实践的知识。
格罗斯曼	（1）学科内容知识；（2）学习者和学习的知识；（3）一般教学法知识；（4）课程知识；（5）情境的知识；（6）自我的知识。
伯利纳	（1）学科内容知识；（2）学科教学法知识；（3）一般教学法知识。
叶澜	（1）本体性知识；（2）实践性知识；（3）条件性知识。

值得一提的是，教师专业发展中的知识一向具有公共性，这是教师职业得以延续以及教师教育得以存在的根本缘由[2]。但是，近年来，随着人们对于教师

① 朱淑华，等.教师知识结构的学理分析——基于对西方教师知识研究的回溯[J].外国教育研究，2012（11）：118-126.
② 邹逸.反思教师实践性知识研究中的"个人性"偏狭[J].教育科学，2019（01）：54-58.

知识理解的愈加深刻，教师知识的理解范畴和建构路径不断拓展，倡导教师自我反思的实践性知识，回归教师生活世界的缄默知识等，成为教师知识研究和体系建构的"新宠"。

教师需要对自己教授的学科有深入的理解和掌握，这不仅包括基础理论知识，还包括最新的研究成果和教学方法。学科知识的深度和广度能够帮助教师更好地解释和演示教学内容，使学生能够更有效地学习和掌握知识。了解和掌握多样化的教学方法是教师专业知识的重要组成部分。这包括如何设计课程、如何进行有效沟通、如何评估学生的学习进度等。教师需要根据学生的不同需求和学习风格，灵活运用各种教学策略，以提高教学效果。教师需要了解学生的心理发展特点和学习动机，以便更好地理解、满足学生的情感和认知需求。教育心理学的知识可以帮助教师设计更符合学生心理特点的教学活动，促进学生的全面发展。教师需要具备管理课堂秩序、处理学生行为问题、营造积极学习氛围的能力。这需要教师具备一定的教育学和心理学知识，以及实际操作的经验。教师需要不断更新自己的知识和技能，以适应教育的发展和变化。参与专业培训、研讨会和学术交流，是教师保持专业知识和教学能力的重要途径。总之，教师的专业知识是教育工作的基石，它不仅关系到教师的个人职业发展，更关系到学生的成长和未来。因此，教师应该不断学习和提升自己的专业素养，以更好地服务于教育事业。

整体而言，教师的专业知识、专业能力和专业道德是构成教师专业素养的三个重要维度，它们之间存在着密切的相互关系和相互作用。

首先，专业知识是教师进行教学活动的基础，它包括学科知识、教育理论知识、教学方法等。专业能力则是教师将这些知识应用于实际教学过程中的能力，包括课堂管理能力、教学设计能力、评估学生学习成果的能力等。专业知识为专业能力提供了理论支撑和知识储备，而专业能力则是专业知识转化为教学实践的桥梁。没有扎实的专业知识，专业能力就无法得到有效的发挥；反之，没有良好的专业能力，专业知识也无法得到有效的应用和传播。

其次，专业知识是教师履行教育职责的基础，而专业道德则是教师在教学活动中应遵循的行为准则和价值观念。专业知识可以帮助教师更好地理解教育的目的和意义，而专业道德则指导教师如何正确地运用这些知识，以促进学生的全面发展。专业知识的增长、深化有助于教师形成更加成熟和稳定的专业道德观念，而专业道德的提升则能够促使教师更加自觉地追求专业知识的更新和完善。

最后，专业能力是教师实现教育目标的手段，而专业道德则是教师在运用这些手段时应遵循的伦理规范。专业能力的提升可以使教师更有效地进行教学活动，但这些活动必须在专业道德的框架内进行。专业道德不仅要求教师在教学中遵守法律法规，还要求教师尊重学生的个性和需求，公正对待每一位学生。专业能力的发挥必须在专业道德的指导下进行，否则可能会导致教育活动的失范和教育价值的扭曲。

综上所述，教师的专业知识、专业能力和专业道德三者之间相互依存、相互促进。教师应该在不断学习和提升专业知识的同时，注重培养和提升自己的专业能力、专业道德，以实现教育的根本目的，即促进学生的全面发展和社会的进步。

二、教师专业能力的结构体系

从近年来教师专业发展的理论和实践看，能力本位的教师专业发展取向越来越受到重视。特别是随着我国课程教学改革的深入推进和不同层次学校教师专业标准的制定出台，教师能力体系建设受到了更多的重视。在近年来的标准化教师教育改革中，我国明确提出了"师德为先""学生为本""能力为重"三大理念，"能力本位"的教师教育改革理念被作为主导改革理念确定下来，成为我国未来一段时期教师专业标准建设的主题[①]，也成为教师专业发展研究和实践的重要领域。近年来，随着核心素养概念的提出，教师专业能力的相关研究呈现出从能力向素养过渡的整体趋势，系统性建构教师的专业能力和专业素养成为研究的方向。比如，有研究认为，教师核心素养包括道德修养、教育精神、文化修养，教师核心能力包括教育教学能力、学习与创新能力、沟通与合作能力。据此，该研究提出教师核心素养和能力的发展建议：从推责到担当的发展内驱力的激发；从依赖到自为的学习共同体的建设；从模糊到清晰的培训发展观的变革[②]。这些研究昭示了教师能力建设的鲜活样态。

在三中心小学看来，教师能力建设是教师队伍专业发展的根本建设，是事关

① 杨洁.能力本位：当代教师专业标准建设的基石[J].教育研究，2014（10）：79-85.
② 王光明，张楠，李健，等.教师核心素养和能力的结构体系及发展建议[J].中国教育学刊，2019（03）：81-88.

教师队伍水平和学校教育教学质量的关键命题。时代的发展赋予了教师能力更多样化的要求，学校层面培养教师，关键是抓住教师能力体系中的关键要素，聚焦教师的核心能力进行针对性培养。核心能力（Core Competencies）是指一个组织、企业或个人所具备的关键技术和能力，这些技术和能力是其在特定领域或市场中取得竞争优势的基础，具有关键性、统领性、辐射性、概括性等特征。对于教师专业发展而言，核心能力不等于教师全部的具体素养和能力，而是对具体素养和能力的高度概括。概括的过程就是对具体素养和能力进行包摄的过程。通过提炼、整合，教师核心素养和能力涵摄具体素养和能力，成为一些具体素养和能力的集合①，进而建构教师能力提升的基础。基于对教师专业能力研究的梳理和对学校教师队伍建设实际情况的分析，三中心小学从三个维度建构了教师核心能力体系，并对这些能力的概念、范畴和基本培养逻辑进行了整体设计。

（一）德的维度：培养教师的育德能力

一般意义上看，教师的育德能力主要是指教师在教育教学过程中，不仅传授知识技能，而且能够对学生的道德品质、价值观念、行为习惯等方面进行引导和培养的能力。这种能力是教师专业素养的重要组成部分，对于学生的全面发展和终身成长具有深远的影响。特别是在立德树人成为教育根本任务的当下教育环境中，教师的育德能力成为统领其他各方面能力的首要能力，是学校和教师必须关注的重要能力。在三中心小学的教师队伍设计和建设中，明确地把设计提升教师育德能力作为首要任务。

三中心小学认为，"德"指阳光教师发展过程中必须具备的道德素养和育德能力。教师的道德素养是指教师的自我修养，是每位教师在教育教学实践中自然流露出的对学生的关心和期望。它是学生心灵的重要支撑，它为学生共同的学习生活提供着爱的示范，对学生行为起着强烈的潜移默化作用。教师育德能力是指教师不必用特定教材而按照社会现在和未来的需要，教育和培养新一代思想道德素质的能力。提高教师的育德能力，不仅仅是班主任、专职德育教师的事，每一位教职员工都应把提升育德能力看作是自身的需要，是义不容辞的责任。

学校要求，教师要以《小学教师专业标准（试行）》中关于"教师的专业理

---

① 王光明，等.教师核心素养和能力结构体系再探[J].中国教育科学，2019（04）：59-73.

念与师德"部分的相关要求为基准,围绕《阳光教师每一天》,加强学习,自觉履行教师职业道德规范,努力争做引领孩子发展的"阳光教师"。

学校倡导教师要能关注并善于挖掘学科中所蕴含的道德情感价值,凸显学科整体育人功能。

教师要善于研究学生,深入分析学生思想、心理、学习、生活状况,平等对待每一个学生,努力发现每一个孩子的闪光点,扬其之长。

教师要做好学生的日常管理工作,关注习惯培养,规则意识、责任意识和集体荣誉感的教育,营造民主和谐、团结互助、健康向上的集体氛围。

教师具有指导、组织开展活动的能力。善于通过班队会、文化节、社会实践、春(秋)游等形式多样的活动,调动学生的积极性和主动性,并做好安全防护工作。

教师具有较强的协调能力,善于整合资源,主动与学生家长、学生所在社区联系,努力形成教育合力。

对于教师育人成效的评价应从促进学生身心健康发展、班风学风的转变、温馨班级文化的建设等方面进行综合评价。

(二)技的维度:培养教师的教学能力

教师教书育人,既是职业责任,也是实力要求,它是教师普遍具有的客观内在力量和必备的从教资本,因此,教的能力始终应该是教师所有能力中最为基础和关键的[①]。教的能力,主要表现为教师的教学能力。三中心小学认为教师顺利完成教学任务的心理特征是一种能力而不仅是技能。因为要成功完成教学任务既需要行为操作,又需要文化情境和心理知能。因此在能力培养上,不仅聚焦于教学活动本身,而且要认识到教学过程的复杂性,形成"一般教育表达能力是基础,教学传导和转化能力是关键,课堂教学反馈能力是重难点"的教师教学能力的整体性建构[②]。同时,在理解和建构教师教学能力的过程中,要将课程和教学的概念相关联,从课程理解和实施的整体视角审视教师教学能力的提升,同步培养教师的课程理解、设计、执行、反思能力,整体提升教师的课程领导力水平[③],实现课

---

① 王仕杰,焦会银.教师教力:内涵、结构与特点[J].课程·教材·教法,2018(07):98-105.

② 金建生.教学能力培养:获得论的困境与生成论的实践[J].教育发展研究,2019(18):25-30.

③ 王春娇,王秀红.教师课程实施能力的结构模型构建[J].社会科学战线,2022(01):269-274.

程教学整体素养的建构，为推动学校层面的课程教学系统改革奠定基础。

基于上述思考，我们将教师的教学能力主要分为三个方面：备课与课堂实践的能力、观课与议课的能力、辅导与指导的能力。

1. 备课与课堂实践的能力

主要包括教师对学情、教材的分析能力，教学流程的设计能力，以及预设方案推进的实际效果和课后的认识、反思。

其一，对学情、教材的分析能力，包括：

分析学生——教师能对年段学生的感知能力、注意品质，记忆中有意识记忆及本班学生的学习习惯，已有的学习基础，预设的学习效果作相关分析，并针对学生在学习中可能出现的问题作好预设。

分析教材——教师能认真研读教材，对教学内容的三维目标及重难点作出正确定位，并能抓住核心内容，设计教法、学法。

其二，阳光课堂"三四五"的教学环节的设计能力。包括阳光课堂倡导课堂教学有"三声"：指点声、赞美声、质疑声。课堂教学要做到"四点"：微笑和激励多一点，发展智力、培养能力的要求具体一点，让学生施展才能的面广一点，给学生思考的时间久一点。课堂教学要有"五让"：让学生自己观察，让学生自己推理，让学生自己动手，让学生自己得出结论，让学生自己表述。为此，教师在课堂设计中要以实践问题为导向，能抓住随机生成的内容，进行富有针对性的教学。布局好讲授、讲练、导学的时机，做到少讲、精讲，把时间充分地交给学生，要有设计亮点。

在具体的实践中，教师要关注课堂教学的动态生成，注重学生潜力的挖掘，积极开展阳光课堂的研究与实践，努力营造课堂教与学的和谐。课堂教学的实践要关注课堂教学目标的阶段性以及课堂教学过程的操作性，激活学生的学习动力，力争体现生动性、主动性和生成性，实现情感的课堂、自主的课堂和智慧的课堂。课堂教学的实践中要关注每一个学生的发展，努力让每一个学生在每节课上都有表现的机会，并努力做到"堂堂清"。教师要根据学生的实际情况不断调整预设，并及时总结、反思课堂生成的现象，为日后的教学储备资源。

2. 观课和议课能力

教师要立足两个观察角度，开展有效的观课活动。其一，教学细节观察：主要观察上课教师的教学环节、教学语言、教学设计亮点等；其二，全班学生学习状态观察：主要观察学生的学习动力、学习习惯、学习能力。

教师要善于评价课堂，积极开展有效议课。一方面，教师观课时要善于捕捉课堂出现的闪光点，关注执教者的调控和处理，并记录自己的收获和体会；另一方面，教师要善于反思课堂存在的问题，找出解决问题的对策、切入口以及执行时具体的实施方案等。

3. 辅导与指导能力

（1）教师要提高练习设计的能力，设计要体现新课标理念，促进学生发展。

① 练习设计的要求包括：

a. 紧扣教学目标，突出重点难点，努力减负增效。

b. 贴近实际，立足学生已有的知识经验、成长过程中的情感体验和学习兴趣的需要。

c. 形式多样、丰富多彩，体现创新思维，激发学习动力。

② 练习反馈与分析的要求包括：

a. 教师要善于通过数据分析进行科学的质量分析并能从自身的教学过程找问题。

b. 教师要善于找准每一个学生存在的主要问题，并思考解决这些问题的有效策略，做好"学生阶段性学业评价"。

（2）教师要一专多能，善于组织开展学生社团活动，并以此作为学科能力的拓展舞台。

（3）带教与指导教师使教师专业水平再次提升，教师带教指导的过程也是反思、研究再提高的过程，追求带教双方的共赢发展。因此在限期带教的过程中，要努力做到：

a. 提高新教师师德修养水平。通过带教，使新教师感悟教师职业的基本要求和师德规范，热爱学生、热爱教育事业，提高教师职业道德修养水平。

b. 提高新教师专业素质和能力。通过带教，使新教师了解教育教学常规；掌握课堂管理的基本方法；能正确评价学生，与家长建立良好的合作关系；掌握教育科研的一般方法，初步形成教育科研的习惯。

值得一提的是，教师的教学能力随着时代的发展而呈现出新的要求，特别是信息技术的快速发展，深刻重构了课堂教学的样态，也对教师的数字化教学能力提出了新的要求。OECD 的相关数据表明，中国教师在教学中使用信息技术的能力（比例）远低于 OECD 国家的平均水平，这突出体现了重构信息时代教师教学能力，特别是提升教师信息化教学能力的必要性。数字时代的教师教学能力再造，关键是教师数据素养的提升，其对课程教学改革的深入推进有重要价值，因为，没有相应的能力结构作为支撑，教育数字化转型会呈现出用传统方法使用新的技术，甚至使新技术束之高阁的现象，与教育数字化转型的现实需要背道而驰[①]。基于这样的认识，三中心小学着力通过数字赋能教育的变革，为教师数字化教学能力的提升提供支持，目前已经探索积累了丰富的经验，概括起来就是三条路径：

数字赋能教育　智能引领变革

教育正面临数字技术不断勃兴的大变革。三中心小学一直致力于打造一所人文景观自然和谐、人心积极向上、让师生感受安全与幸福、在教与学的互动中实现共同成长的阳光学校。在近 20 年的阳光学校建设历程中我们一直秉承"赋学生生命成长以阳光，赋教师主体价值以阳光，赋学校内涵发展以阳光"的办学理念，追求让每个孩子走进充满尊重、理解、赏识、激励的教育。作为一所并不是以信息技术见长的学校，面对"互联网＋"的大数据时代，人工智能技术无处不在。如何让数字赋能学校教育，用智能引领教育行为的变革？学校也悄悄开始了转型发展。

学校从三条路径出发推进教育教学信息技术变革：

路径一：物

学校信息技术要发展，管理要提升，首先就需要有装备。近年来，为实现数字赋能，学校在信息技术的硬件设施建设方面加大投入。目前三中心小学实现了无线网络全覆盖，希沃交互智能平板全覆盖，电子云屏全覆盖。三年来，学校自筹资金建设了阳光校园电视台，实现了校园活动直播，建立了智慧教室、创客实验室、AI 体验教室、科创实验室。学校的 NAS 网络存储中心不断扩容，以应对学校日益庞大的数据存储需求。通过设备武装，充分发挥设备带来的便捷性、互通性，为数字赋能教育做好了基础性工作。

路径二：人

设备再先进，没有人去使用，永远不会有它存在的价值。三中心小学目前有专职的信息技术教师两名，如果仅依靠这两位教师来管理整个学校的技术管

[①] 田小红，等.教师能力结构再造：教育数字化转型的关键支撑［J］.华东师范大学学报（教育科学版），2023（03）：91-100.

理系统是有难度的。因此,学校的做法是集群共研、协同发展。

在三中心小学的校园里有一支通过招募,自发组建的 W9 信息技术管理核心团队。他们平均年龄 28 岁,分别来自语文、数学、音乐、信息等学科。这些老师具有良好的信息技术基础,也有很执着的研究精神。这支团队肩负起学校数字化转型的重任,他们既要通过学习不断创新的数字化应用技术,承担 3D 打印、无人机、人工智能、编程等课程的研发实践,又要开展学科整合的研究,还要辐射引领全校教师信息技术的不断进步。这支不断扩容的实践团队为学校推进数字赋能教育的行动提供了人力资源。

路径三:抓手

有了设备和人的保障,如何推进工作?学校主要有三个抓手:

一是实施项目化培训。为了建立学校信息技术应用长效机制,全面提升教师信息化教学能力,学校启动了学校教师信息技术能力提升的 2.0 行动,努力推进信息技术与教育教学的融合创新发展,推动数据支持下的因材施教的教学模式改革。在实践中,学校以项目化研修为途径,构建"分层培养、知行合一"的培训模式,夯实教师信息化教学理念,提升以调研数据为基础的信息化应用能力。通过教师自身信息技术基础水平与能力的提高、信息骨干教师的传帮带、全体教师定制式软硬件的熟练掌握,最终促进学校信息化水平的整体提升。

二是推进与学科整合实践研究。三中心小学重视信息技术与学科整合的实践研究,学校通过国家级课题"信息技术在小学科学教育探究场中运用的实践研究",聚焦信息化教育背景下,培养学生科学思维习惯、尝试科学研究的一般过程与方法、培养学生自主创新学习能力,最终为学生终身学习打下坚实的基础。学校以市级课题"基于单元视频案例校本培训的开发与实践"为抓手,以媒体环境下课堂教学视频案例作为校本研修切入口,关注全学科与信息技术整合。近年来,在课题的引领下学校在信息技术与学科整合研究方面取得了较为丰硕的成果。信息技术学科专职教师蒋静在区小学信息科技中青年教师教学评比中多次荣获一等奖。张晓毅老师创建的"阳光校园"网站获得全国中小学优秀网站的殊荣,他个人也获得教育部教育管理信息中心授予的"全国中小学优秀网站建设先进工作者"荣誉称号,并成为静安区教育系统典型人物之才艺达人。三中心小学连续六年参加由中央电教馆组织的全国中小学创新课堂教学评比活动,获得三个一等奖,五个二等奖。今年,学校青年教师李依蕙还应组委会邀请,作为一等奖的代表进行公开教学展示,获得与会专家的一致好评。

三是开展数字画像的初探。自 2010 年开始，学校就开始以学业成就评价为中心，构建小学生学习品质多元评价体系。历经了三个阶段：第一阶段，学校着力完成现有的校内测评中质量分析、数据采集和统计的工作，实现数字为改变教学行为，提升教学质量赋能。第二阶段，学校尝试用数字代替经验判断，用信息化手段助力评价体系的科学优化，形成了学生成长的电子档案。第三阶段，学校正在尝试与探索的是学生的数字画像。学校秉承"个性化教育，生态状成长"的理念，升级学生个人评价体系，借助数字进一步赋能教育个性化深化发展，实现挖掘学生潜质、激发学生兴趣、指导学生学习、成就学习价值，最终使学生成长受益。

（三）艺的维度：培养教师的研究能力

教师的研究能力是伴随着"教师成为研究者"这一命题而逐渐受到重视的。尽管从 20 世纪初期开始就已经出现了许多提倡教师成为研究者的理论和实践上的努力。但是直到 20 世纪上半叶，受限于研究范式、内容和水平，教师还主要是研究成果的被动接受者，"教师成为研究者"还主要停留在观念层面[1]。斯滕豪斯提出，教师应该处于教育研究过程的中心，成为教育研究的观众，并凭自己的能力成为研究者[2]。教师成为研究者，提升自己的研究能力，不仅有助于教师更好地理解课堂、理解教学、理解学生和自我，创造性地解决教育问题，也能生成更具有实践价值的研究成果，丰富教育研究的成果体系。在三中心小学看来，在教育改革实践中，教师的教育研究意识、研究能力以及对实践中的有效策略的总结提炼是教师专业发展的核心内容。因此，提高教师的教育研究能力，已经成为学校内涵发展的追求。

三中心小学认为，教师的研究能力是一种复杂系统的高层次能力，蕴含了感知力、学习力和研究力三个层面的要求。

感知力，即作为小学教师，必须有感知儿童的能力。只有真正地"蹲下身"，才能把阳光带给每一个孩子。只有让教师真正地了解孩子，保持一颗不泯的童心投入教育教学工作，才能实现师生关系的民主、平等、宽容和愉悦。因此，阳光教师必须具备以下两项基本能力：

---

[1] 范敏.西方教师研究运动形成的历史透视[J].全球教育展望,2015（03）:86-97.
[2] 范敏,刘义兵.斯腾豪斯的"教师成为研究者"思想[J].全球教育展望,2017（08）:83-94.

（1）儿童化表达能力：教师能从儿童的视角与孩子进行交流，并适时运用肢体语言，有吸引力。

（2）即兴表达能力：教师要善于抓住教育契机，开展有效教育，在教育过程中主题突出、条理性强、表达流畅、反应敏捷。

学习力，即教师要重视专业阅读，掌握专业知识，包括小学生发展知识、学科知识、教育教学知识、通识性知识。通过专业阅读不断提高教师解决问题的能力，形成教育智慧。

研究力，包括专题性研究能力和反思性研究能力。专题性研究能力，意味着教师要善于将现实问题提升为研究性课题，通过查找相关文献，开展综述分析，了解国内外研究现状，对问题提出的背景和意义有自己的观点，通过对研究目标、内容、方法、步骤的确定，制定出具体并符合科学规范的解决问题的策略，最终解决问题。这样的过程，无疑能将学习、思考、实践、行为、总结有效地结合在一起，将自己的教育教学活动与课题研究有效地结合起来，使日常教育活动具有了明确的目的性，使工作方式具有了科学性；反思性研究能力意味着案例研究的过程是教师自我反思的过程。教师要善于通过典型事件的分析，透过现象探寻背后的本质规律，体现理性思考与现实分析的统一，这是理性的运用，也是经验的提升，有助于教师深化对教育本质的理解。

三、促进师能提升的学校举措

教师专业能力的提升，不仅是教师个人专业发展的重要领域，也是学校在整体设计和推进教师队伍建设过程中必须着重考量的重要问题域。目前，对于提升教师专业能力，业界已经探索形成了诸如开展专题培训、打造教师专业共同体、完善相关制度、开展教学和研究实践等多种方式。作为学校，最为重要的是结合学校教师队伍建设的实际，建构校本教师专业发展支持体系，开发教师专业能力的多维度培养路径。

（一）设计分层分类的培养体系

教师专业发展历程中，总是会遭遇不同阶段的典型问题，如何引导教师合理应对这些问题是教育研究者关注已久的命题。早在20世纪50年代中后期，富勒（Fuller）运用"教师关注问卷"对教师不同成长阶段的关注重心进行了研究，分析了教师在生涯过程中所经历的从关注自我到关注教学任务，再到最终关注学生的转型[①]。这一研究引发了学界对于教师生涯周期、生涯阶段等问题的关注。国内外学者普遍运用量化分析的方式，试图揭开教师专业成长的阶段性秘密，比较有代表性的如富勒（Fuller）的关注水平阶段理论，高瑞克（Gregorc）、麦克唐纳（McDonald）等人的教师生涯四阶段理论，休伯曼（Huberman）的教师生涯五阶段理论，费斯勒（Fessler）的教师生涯七阶段理论[②]等。我国学者也结合国内教师队伍建设实际情况提出了相应的教师专业发展阶段理论，如叶澜、白益民的"非关注、虚拟关注、生存关注、任务关注、自我更新关注"五阶段理论[③]，申继亮的"学徒期、成长期、反思期、学者期"四阶段理论[④]，陈永明的"适应和发现期、稳定期、试验期和重新评价期、平静和保守期、退出教职期"五阶段理论[⑤]等。尽管这些研究的结论不尽相同，但是都揭示了一个共性的规律：不同阶段的教师有不同的发展需要，面对影响其专业发展的不同的关键性事件和人物，也需要进行差异化、针对性的专业发展帮扶[⑥]。基于教师专业发展的阶段理论，学校必须认识到，不同成长阶段的教师，在关键能力的建构上应该有不同的诉求，结合教师专业发展的阶段性特征，建构教师能力提升的分层分类培养体系，应该成为学校在促进教师队伍建设上的共性选择。三中心小学在班主任队伍建设中，通过设计分层培养计划，助力不同发展阶段班主任的能力提升：

关于进一步加强学校班主任专业化发展的意见

一、指导思想

坚守为党育人、为国育才初心使命，全面落实立德树人根本任务，不断探索新时代班主任工作队伍建设体制机制。通过三阶班主任培养，持续打造业务

---

① Fuller, F. Concerns of teachers：A developmental conceptualization［J］. American Educational Research Journal, 1969（02）：207-226.

② 胡惠闵，王建军.教师专业发展［M］.上海：华东师范大学出版社, 2020：58-59.

③ 叶澜，白益民，等.教师角色与教师发展新探［M］.北京：教育科学出版社, 2001：278-302.

④ 申继亮，等.关于中学教师成长阶段的研究［J］.天津师范大学学报（基础教育版）, 2002（03）：1.

⑤ 陈永明.现代教师论［M］.上海：上海教育出版社, 2003：186-188.

⑥ 钟祖荣，张莉娜.教师专业发展阶段的调查研究及其对职后教师教育的启示［J］.教师教育研究, 2012（06）：20-25, 40.

精良、能力卓越、管理有方的新时代高素质、专业化班主任工作队伍，为进一步深化未成年人思想道德建设、培养更多德智体美劳全面发展的社会主义建设者和接班人增势赋能。

二、工作目标

加强校本研训，规范班主任工作的教育行为，促进班主任的专业化成长和发展，建立一支有政治站位、有教育思想、有育人智慧、有仁爱之心的班主任工作队伍。

三、培养举措

（一）初阶培养

研训对象：职初期青年教师（教龄三年以内）

研训目标及要求：

能了解班主任工作的一般规律并能运用其中的规律开展工作。能较顺利地建立起班集体优良的班风、学风，较圆满地组织班内教育活动。自觉开展学生思想教育工作，解决一般教育问题，所带班集体秩序稳定。

研训措施：

（1）组织参加班主任岗位实践或浸润式跟岗实践，不断加强班主任工作实操。

（2）组织开展班主任基本功的训练。

（3）注重经验积累，提高育人水平，以"教育叙事"的撰写为抓手，不断积累育人心得。

评价要求：

根据研训表现和学习成果，进行"青年潜力班主任"的资质认定。

（二）中阶培养

研训对象：班龄在四至八年的班主任

研训目标及要求：

能熟练掌握班主任及少先队辅导员专业技能，有效开展班集体活动，协调班干部、任课教师、家长等多方关系，配合共同做好班级管理和学生教育工作。注重研究，努力成为学生品德的引领者、知识的传授者、心灵的沟通者、情绪的调节者，并逐步形成工作特色。

研训措施：

（1）积极参加区级以上班主任及少先队辅导员岗位培训，取得培训合格证书。

（2）参加"上海市学校心理健康咨询（初级）"，区全员导师制、家庭教育培训师等单项专技培训，取得培训合格证书。

（3）形成班主任育人主张，并通过课题研究将其落地。在一定的周期内有较好的研究成果，不断提高科研能力。

评价要求：

根据研训表现和学习成果，推荐参加市区班主任基本功大赛和市区班主任协会。校内开展"特色班主任"资质认定。

（三）高阶阶段

研训对象：班龄在八年及以上的班主任

研训目标及要求：

遵循教育规律，注重"五育"融合、全面发展的理念。系统把握现代教育的理论和技能，自觉更新教育观念，提高专业素养，形成鲜明的教育风格。

研训措施：

（1）推荐参加区级以上名师工作室及相关实训基地培训。

（2）注重育人主张的凝练，积极参与学校"向日葵"工作室育德研训课程建设。

（3）不断提升教育育人反思能力，善于基于问题开展专题性研究，并形成可复制可推广的优秀经验，为青年教师开展指导培训。

评价要求：

根据研训表现和学习成果，推荐参加区级以上优秀班主任及少先队辅导员评比。校内开展"十佳班主任"资质认定。

四、考核聘任

（一）建立科学的班主任工作考核评价体系，考核结果作为教师聘任、奖励和职务晋升的重要依据。

（二）学校对长期从事班主任或在班主任岗位上作出突出贡献的教师在同等条件下予以提干优先、培训优先、评优优先、职称评审优先。

（三）实行班主任岗位竞聘机制，自荐、推荐相结合，鼓励优秀教师从事班主任工作。

（四）绩效工资分配向班主任倾斜。班主任津贴按学校教师课时工作量一半计入教师基本工作量。同时，学校将实行班主任津贴弹性制，对班主任的工作表现实行末位淘汰制；对不能履行班主任职责的，及时调离班主任岗位。

（二）设计类型多样的发展路径

当下教育体系中，对于教师能力的要求是多元化的，同时，每一个教师也都有着不同的发展基础、发展空间和发展诉求，这意味着，学校在设计教师能力提升路径的过程中，要充分考虑教师的实际需求，整合内外部资源，设计类型多样的教师发展路径。多年以来，三中心小学坚持理论与实践相结合的方针，探索形成了多样化的教师专业发展实践路径。

1. 坚持阳光教师的培养理念

教师队伍建设要坚持理念先行，三中心小学以"阳光学校"为办学目标，提出"赋学生生命成长以阳光""赋教师专业发展以阳光"和"赋学校内涵发展以阳光"的"三赋"理念。经过三中心小学全体教职员工20多年的努力实践，我们的工作取得了一定的成绩，尤其是在师资培养和队伍建设方面积累了一些好的经验，归结起来就是形成了促进教师阳光成长的多元化路径体系和成长平台。

教师阳光成长理念的提出源于对学校办学历史与现实问题的精准研判和分析。原三中心小学2002年与原铁路一小合并，成为新三中心小学，是一所"大规模、超编制"的大型学校。两所学校历史文化和行政管理体制的差异较大，师资力量和教师专业化发展程度也存在着很大的差别。原三中心小学一直属于地方教育行政部门管辖，长期较高的升学目标和社会期望值，使学校形成了较高的办学目标和社会赞誉度，是一所具有优良传统的中心校，教师专业化程度较高，专业能力较强，因而专业发展愿望强烈，教师群体个性较为张扬，竞争意识及能力也相对较强。而原铁路一小是铁路部门管辖下的一所优秀的铁路系统子弟学校，它更多的职能是为系统内职工子女就学、升学服务，其学生绝大多数的升学方向是同系统的子弟中学，因此教师和学生担负的升学压力较小，教师专业化程度相对较低，专业能力相对较弱，专业发展愿望不强，教师个性较为平和、低调，竞争意识及能力相对也较弱。因此，在两所学校的教师身上，表现出了截然不同的职业观、价值观和学校文化的认同感。这样一来，三个现实问题就摆在了学校领导班子面前：一是如何合法、合情、合理地消化合并后的剩余教职员工；二是如何融合两校文化，形成教师群体共同的职业价值观、学校文化观；三是如何更好地促进教师的专业发展，在形成具有高度认同感和归属感的校园文化的基础上，打造一支具有高度责任感和凝聚力的专业教师团队。

围绕上述目标，学校作出了一系列具有针对性的中长期规划，制定了一系列专项措施。例如"学校三年发展规划""教师专业发展规划""学校教育科研规划""学校课程设置与实施规划"。其间，学校带领老师们一起寻找课堂中的"灰色"、探寻课堂中的"阳光"，一起研究课堂教学策略与学生学习风格的匹配，等等。经过 7 年的融合与发展，现在，"阳光学校"提出的"赋教师专业发展以阳光"这一理念已经深入人心，积累了宝贵的经验。

2. 提供内容丰富的实践平台

教师能力的提升，关键是实践能力的提升，三中心小学针对青年教师的成长需要，特别是教学、管理等实践维度的能力提升需要，通过提供实践岗位、开展师徒结对等方式，为青年教师成长提供丰富实践平台。三中心小学充分认识到，教师的成长，不仅意味着角色的转变，更是一个包含新教师和资深教师及其所处的错综复杂的关系的多维互动过程[1]。对于新教师而言，尽管在正式成为教师之前，他们普遍接受了正规的师范教育，但是这大多是在与中小学真实教育现场相隔离的环境中所受的训练，他们对于"怎么教"的实践性知识和技能往往难以真正掌握[2]，因而迫切需要师徒带教以提高其教学和管理业务水平。调查显示，新教师入职之初最为关注的是在日常工作环境中获得最直接的帮助，以便学会如何教学和如何当好老师。针对这样的问题，三中心小学历来重视对青年教师的培养，素有"青年教师的摇篮"之称。学校培养不同层面的青年教师，首先就是立足岗位锻炼，着眼于岗位成才。而能够保障岗位锻炼并成才，是因为学校有着一套严格的制度，例如：教研制度，集体备课、听评课制度，以及"一日视导"制度，等等。在教研组活动中，老师们不仅有机会学习当前国内外先进的教育教学理论，还能聚在一起研究教材文本、研究课程资源、研究教学手段与方法，与同事交流教学心得，互相帮助、互相学习。同时，教研组活动也确立了一套集体备课、听课和评课的制度，并且，结合学校"一日视导"制度，各个教研组内部逐步形成了同课多轮、同伴互助、课堂观察、教学诊断等一系列好的教研模式，增进了教师之间的合作、交流，促进了团队发展下

---

① Lawson, H. A. Beyond the conception of teacher education [J].Journal of Teacher Education，1992（03）：163-172.

② 王洁 . 从"师徒带教"到"团队成长"——基于上海市部分新教师专业成长调研的思考[J].教育发展研究, 2009（24）: 67-71.

的教师个体成长。

在培养青年教师的工作上，三中心小学有一项具有优势且形成优良传统、延续至今的做法，这就是"师徒结对"。在三中心小学的历史上，各个学科、各个领域的教师人才辈出，涌现了许多学科有建树、教学有特色的好教师、名教师。这些教师将学校优秀的文化、制度代代传承了下来。而传承学校优秀文化的平台和途径，就是"师徒结对"。这一教师培养模式，惠及了许多青年教师，他们从师傅身上学到了精良的教学业务，学到了三中心人严谨的工作作风和坚毅、高尚的人格品质；"师徒结对"使三中心的青年教师在业务上少走了许多弯路，在教学上获得了长足的发展，在师德、人品上传承了学校优秀文化的精华。用青年教师自己的话来说，就是"我在三中心一年的成长，抵得上别人至少三年的经历"，这也许就是为什么三中心小学能够人才辈出的客观原因。

3. 制定成长导向的发展规划

教师发展，需要做到规划先行。实践表明，凡是那些专业发展得好、专业成长得快的教师，大多是自我规划得比较早，也比较好的教师。而那些专业发展不好的教师，大多有一个共同的特征，即职业发展规划缺位[①]。从理论上说，教师专业发展规划的制定不只是教师专业发展过程中的一个环节，对专业发展起一种引导、监控的作用，它本身就是一种非常重要、非常有效的专业发展活动[②]，对教师自身成长意义重大。从成功学的角度来看，每一个人都有获得成功的可能和潜力，关键在于人对于自我的认知和目标的预期。这也应了一句俗话："人，贵在有自知之明。"所以，如何引导教师认识自我、反思自我、规划自我，认清自己的长处与不足，明确自己的工作重心和发展方向，充分挖掘、调动自身的潜力，做好专业发展，是学校一贯的师资培养工作方式。三中心小学常年来坚持将学校的发展规划与教师个体的发展规划相结合，注重引导教师分析自我特点，开展自我反思和自我设计，结合学校三年规划的各项工作重点与总体目标，寻找自身专业发展的途径、方式和突破口。逐步在教师中形成了一种"将自身专业发展和学校发展前途与命运紧密联系"的规划理念与行为方式。同时，学校也注重在发展规划中为各个层面的教师专业发展尽可能地作好目标导向和行动指引，以最大限度地调动教师的工作积极性，挖掘教师的专业发展

---

① 李健.教师发展　规划先行[J].人民教育,2011(08):24-26.

② 李飞.对教师专业发展规划的再认识[J].现代教育论丛,2010(06):48-53.

潜力，激发教师发展的内因，调动内驱力，促进教师成长。

4. 创设公平竞争的成长环境

在当今社会，竞争是一种常态、一种机制。而公平则体现了一种文化、一种有序的制约。学校要打造优质的师资队伍，使人才成长进入良性循环，在激烈竞争的同时就必须为教师营造一种规范、有序、公正、透明、人性化的机制，真正关注教师的发展需求、竞争心理与行为状态，使教师专业发展的竞争趋向制度化和良性竞争，进而促进教师团队的和谐发展。例如，学校的教研组、年级组长自荐与竞聘机制，学校科研课题首席负责人竞聘制度，等等，都体现了公平竞争的制度化建设，而其带来的则是一批批教研组长、年级组长的竞相成长、成熟。教师专业发展的有序、公平、公开的竞争，不但没有使竞争变得功利、狭隘，反而增进了教师队伍的团结，加强了教师之间的合作，提升了团队的综合战斗力。我校学科带头人评选细则的制定与实施，实际上就是为教师成长提供良好、公平环境的表现：

静安区闸北第三中心小学学科带头人评选细则

学校学科带头人的选拔培养工作，是加强学科梯队建设的重要举措，是师资队伍建设的重中之重，关系到阳光学校内涵品质与可持续发展。为落实科学发展观，实施"人才强校"战略，在充分借鉴市区级相关选拔经验的基础上，结合我校实际情况，制定本细则。

一、学科带头人的岗位设置

学校学科带头人，是学校教师中的优秀者，是学校学科教学的引领者。

二、学科带头人选拔范围和对象

本校在岗任教五年及五年以上的教育、教学骨干；静安区学科带头人和原闸北区金穗奖、百花奖、市区优秀班主任（辅导员）、区级及以上教学评比一等奖等教师是重点选拔对象。

三、学科带头人选拔条件

1. 坚持党的基本路线，热爱社会主义祖国，忠诚党的教育事业，严格执行党的教育方针。

2. 人格高尚、行为规范；身体力行、为人师表；模范遵守《中小学教师职业道德规范》，坚持以发展学生为本，教书育人；主动参加学校各类教学活动。

3. 学科专业知识功底扎实，熟练掌握学科教学规律，具有较强的创新和实践能力，形成一定的教学风格或教学特色，教学成效显著；或在学生德育工作方面能遵循学生身心发展规律，促进学生全面发展，有突出专长和丰富经验，取得显著教育效果和实绩。

4. 在教育或教学方面具有指导和示范能力，能满腔热情、认真负责地完成学校教学任务并在团队发展中起到一定的辐射、引领作用。

四、学科带头人选拔办法和程序

选拔学科带头人工作将坚持标准，实事求是，坚持公开、公正、公平的原则，严格按照选拔条件，坚持自荐和互荐相结合的原则，以审核初选、考核评选和评选领导小组审定相结合的办法进行。

1. 个人申报

（1）获得静安区学科带头人、原闸北区金穗奖的老师直接认定为学校学科带头人。

（2）原闸北区百花奖获得者、市区优秀班主任（辅导员）以及区级及以上教学评比一等奖获得者，须经个人申报、专家答辩、学校审核通过后认定为学科带头人。

（3）其他有申报意向的老师，须由个人申报后，经资料检查、学科展示、专家答辩、学校审核通过后认定为学科带头人。

2. 考核评选

学校将成立学校学科带头人评选领导小组，对申报教师进行考核认定。

五、管理与考核

1. 被评为学科带头人的教师，由学校颁发"学科带头人"证书，享受津贴。学科带头人一届任期为三年，三年任期满需要重新进行评选或认定。

2. 学科带头人每学期考核一次，并依据考核结果给予奖励，考核结果将作为再次认定的重要依据之一。

3. 因师德考核不合格或身体等原因不能履行学科带头人职责的，不再聘任；因调离原任学科岗位不能履行学科带头人职责的，不再聘任。

5. 搭建展示才华的生动舞台

教师的专业发展需要激励，需要引领，需要培养，需要驱动，需要得到认可和接受。所以，可以说每一位教师在专业发展的过程中，都需要一个成长的空间，需要一个锻炼、展示的舞台。作为学校来说，有义务激发教师的潜能，历练教师的才能，提升教师的眼界，做好教师发展的服务工作。因此，为不同层面教师的专业发展寻找机遇、提供机遇，甚至创造机遇，使其能立足课堂这个小舞台锻炼、成长，登上学校、区级、市级的教育大舞台展示、腾飞，是学校理应做好的分内事。

近年来，在"阳光学校"这个大舞台上，一批又一批的教师以不同的角色、不同的专业特长登台展示他们在不同领域中的成长、发展和成熟历程。任教五年以内的新生代教师在学校举办的青年教师课堂教学才艺大比拼中脱颖而出、崭露头角，进而获得进一步的良好发展；有一定经验的成长期教师抓住了学校历年校本培训中优质课展示的机会，大显身手，得到广泛的认可和赞誉，逐渐成长为小教一总支的特色教师、导师，有的参加了学校为其争取到的区乃至上海市的教学展示或评比，获得了各类比赛的各级奖项，提高了自己在学科专业领域的知名度；成熟期的教师通过学校这个舞台展示，获得了高层次的专业发展，有的成为区级骨干教师，有的获得金穗奖，有的成为区级拔尖人才、学科名师，有的顺利晋级中学高级教师，更有教师成长为上海市特级教师。除了在学科领域教师们能得到不同层面的发展，有些教师还在班级管理、少先队教育活动、学校教育教学管理等领域获得了长足的发展，或成为学校中层干部，或成为市区优秀班主任、少先队辅导员，或获得上海市德育工作先进个人、上海市模范教师、上海市园丁奖、全国艺术教育先进个人等荣誉称号。在学校这个大舞台上，阳光明媚、百花争艳、绚丽多姿、五彩斑斓。

（三）开展聚焦能力的校本教研

教研既是一种具有中国特色的教学改进制度，也是一种有效的教师专业发展方式，在深入推进课程教学改革，打造高素质专业化教师队伍的实践中持续发挥着重要作用。《关于加强和改进新时代基础教育教研工作的意见》中明确指出"教研工作是保障基础教育质量的重要支撑"，这是对新时代持续加强、改进教研工作的整体性价值认知和行动向导。在教研制度的范畴体系中，校本教研作为一种紧密结合学校实际，以实践为中心，以学习为载体，以"旨在改善中小学教师实践的活动"[①]为价值导向的研修模式，其价值越来越受到认可，应用也越来越广泛。三中心小学在实践中建构了完善的校本教研体系，从主题的设计、工具的开发、过程的推进，到最终成果的转化，都建构了相应的实践机制。

---

① 胡惠闵. 从区域推进到以校为本：校本研修实践范式研究［J］. 教育发展研究, 2010（24）：61-65.

在"五育"融合的教育背景下,学校认为,需要培养一批具有全面育人观的教师。校本研修是提高青年教师专业发展的重要途径。为此学校设计了"2+X"的研修课程模块,所谓"2"是指教师发展过程中所必需的两大知识系统,即本体知识系统和专业技能系统。所谓"X"是指为提升青年教师人文素养而提供的自主拓展型学习系统。"2+X"的研修课程模块具体由德之馨、教之道以及专之博三大板块四个领域构成(表4-3)。德之馨板块主要注重青年教师的育德能力的提升。过去,教师更注重自己的学科教学,而学校现在重视"五育"并举,以德为先,首先就是要让教师重视自己的德性与德能。为此,在青年教师的培养中,学校将全面育人、全员育德放在了首要位置。教之道板块主要注重青年教师的教学能力的提升。该板块的培训由学科名师和学校教学骨干教师领衔,以学科课程标准的学习为培训内容,通过课堂实践体验、团队研究等途径,研读教材及编写说明,了解教材的学习内容、基本特点以及基本要求。专之博板块主要注重青年教师综合素养的提升。该板块的培训将通过人文素养的学习,不断拓宽青年教师的眼界,提升育人内涵。

表4-3 校本研修的课程体系

课程板块	课程领域
德之馨	师德修养与育德能力
教之道	课堂经历与教学实践
	教学研究与专业发展
专之博	职业感悟与人文素养

在校本研修课程体系建构的基础上,学校着眼"三力"提升,不断拓宽研修途径。

1. 专题研修,提升教师学习力

学校把专题研修作为教师学习力提升的基本途径,引导青年在学习中积累方法,收获智慧。学校设计的专题学习主要有两个方面:一是师德师能研习活动,聚焦教育的重点问题、难点问题、热点问题,与时俱进,全面提高教师育德能力。学校试图通过这一专题的研修渗透教育思想,研究教育方法。二是校学术节主题活动,引导通过实践性研究、个案研究对实践成果进行总结与提炼,分享"教育主张"和"优秀教育智慧",最终以《守望》作为活动总结,呈现学习成果。

2. 问题引领，提升教师实践力

通过科研让青年教师植根实践、源于问题、亲近学生，是教师专业发展中不可或缺的催化剂。实践中，学校将把科研作为教师实践力提升的基本途径，引导教师寻找真问题、开展真研究。学校将成立青年科研中心组，开展基于教研的课题研究，并进一步建立个人、校级、区级的三级研究模式，在研究中提升教师专业素养。

3. 平台搭建，提升教师发展力

职初期是教师专业成长的关键，为了让这部分教师打下坚实的专业基础，也为了让他们能够传承阳光学校的人文精神，学校从规范和传承两方面入手，提升教师发展力，满足教师专业成长的个性化要求。一方面，重规范，为加强青年教师的入职培训，为其专业成长打下坚实的基础，学校不管培训的对象毕业于哪一所学校，属于哪一门学科，始终坚持三个"统一"，即统一培训标准、统一培训路径、统一培训要求，全身心帮助他们迈好职初期的每一步。另一方面，重传承，职初期是教师专业成长的关键，为了让这部分教师打下坚实的专业基础，也为了让他们能够传承阳光学校的人文精神，学校实行校内外联动带教机制，即校内带教重在教学常规的落实，打下扎实的专业基础；校外带教重在专业引领，开阔眼界，争取高位发展。同时，学校还成立了"85后"沙龙、青年科研中心组、青年教师学科中心团队，定期组织青年教师互动交流，不断提升青年教师面向未来教育的自适应能力。

（四）开展结合实践的专题研究

当今时代的教育工作者要胜任教书育人工作的需要，要达成立德树人的教育根本任务，除了应该具备传统所界定的专业特性之外，还必须拥有一种"扩展的专业特性"，即有能力通过较为系统的自我研究以及对他人相关经验的研究，通过实践之中对有关理论的检验和创生，实现专业上的自我发展。基于这样的认识，参与教育科研活动日益成为各级各类教育机构的教师的一项常规活动，"教师成为研究者"不仅已经成为一种业界的共识，也已经成为教师实现专业成长的有效方式。对于教师而言，教师参与研究可以提升自己的反思意识和能力，了解自己行为的意义和作用；教师参与研究有利于改进自己的教学工作，提出切实可行的教育改革方案。基于研究的教师专业发展范式在当今教育体系中越来越受到重视，也成为三中心小学在促进学校发展和教师队伍整体能力建设过程中的重要战略选择。

三中心小学的教育研究活动，是一种根植于教育实践的研究，这种实践一是学校发展的现实需要，二是课程教学改革的现实需要。这种与教育实践紧密结合的研究之道，为提升教师的专业能力，特别是研究能力提供直接支持。

1. 围绕学校发展需求开展研究

2002 年 8 月，作为闸北教育改革的重大举措，三中心小学与原铁路一小合并，这为学校的发展带来更为广阔的空间和充足的教育资源，但同时也产生了一系列问题：

第一，来自不同学校的老师存在种种差异和隔阂，如何让不同文化浸润下成长的教师互相认同、相融？怎样为教师的成长创设公平公正的环境？这是关系到学校稳定和发展的核心问题。

第二，随着时间的推移，学校发现课堂教学质量虽高，但还存在着一些误区。比如：有的教师要孩子绝对遵守纪律，把学生的插嘴当作扰乱课堂的行为等。这些问题看似小，但对学生身心健康发展却有着潜移默化的影响，同时也直接影响着师生情感的和谐。

第三，学校要求教师将阳光办学理念化为具体教学行为，从关注学生全面发展的视角出发。但是学校课程还难以为学生的全面发展提供丰富的实践与体验的机会。

为了实践阳光学校办学目标、教育理念和办学实践的三元统整，学校以教育科研为先导，积极倡导教育科研的群众性、实践性、校本性的本色特征，把学校的发展作为一个大课题来研究。如此，多年的探索让教师由衷地感到：教育科研是学校发展之路；开展本色科研，是创建阳光学校之道。

（1）以持续生成的课题链解决学校发展中的问题。

追寻学校历史，解决衍生问题，成为学校发展的必然选择。十年来，学校从解决问题入手，以学校发展的不同阶段生成的龙头课题为推手，建立相应的课题群落，形成系统的行动研究框架：

① 学校合并之初，为减少师生关系的无序，延续了原三中心小学的市级课题"师生情感熵减的实践研究"的研究，建立起新型的师生关系，促进教师教育观念的转变。

② 后来，学校感到现行的课程还难以为学生的全面发展提供丰富的实践与体验的机会，于是开展了市级规划课题"实施 AES 校本课程，构建小学生命

教育体系的研究"，尝试探索国家课程校本化研究，逐步让教师形成"学校一切活动皆课程"的大课程观。

③ 继而，为提高教师教学技能，全力打造"阳光课堂"，将培训和研究统整，学校开展了市级课题"基于单元教学视频案例培训的开发与研究"，引导教师关注课堂教学局部与整体的关系，精进教育教学技术，努力让课堂成为承载阳光学校办学理念的师生发展时空。

④ 新课程推行以来，为提升学生"学"的主动性，学校开展了教育部重点课题"基于积极心理学的小学生学习品质优化的研究"，依托积极心理学成果，促进学生学习品质的优化。"双新"改革以来，学校又围绕项目化学习、跨学科学习和学生核心素养培养等开展针对性研究，让研究始终与学校发展、课程教学改革同步进行。

（2）以本色科研丰富研究路径。

本色科研，体现在一线教师植根实践、源于问题、亲近学生、走进课堂，它是那种田野式、草根式的鲜活科研，是教师专业发展中不可或缺的催化剂。

① 持续反思策略。学校进行"灰色"课堂的反思，引导教师从关注课堂中知识点的落实和学生能力的提高到关注学生的全面感受，使之成为借助行动研究、不断探讨与解决教学目的、教学工具和自身方面的问题，不断提高教学效益和科研能力的过程，真心实意地为学生生命成长提供优质的教育资源。

② 课题招标策略。学校借鉴市场运作手段，尝试总课题下的子课题招标形式，让教师们自愿组成课题小组，填写投标书，形成了序列化的课题链。

③ 任务驱动策略。学校以任务设计为驱动，"任务驱动"循着"主题确定—自我实践—交流碰撞—提炼归纳"的流程运作，将研究内容巧妙地隐含在每个任务之中，让教师聚焦课堂教学中的疑难杂症，归纳出教师感兴趣的研究内容，把外部驱动和内部愿望结合起来，以提高教师学习的积极性。

④ 同课异构策略。学校针对一个相同的课例，发挥教研组及全体教师的创新积极性，采用不同的方式、方法进行教学设计和课堂教学的研讨，通过对教学设计的求异思维来达到提高课堂教学效果的目的。

⑤ 研训一体策略。学校利用视频技术，实践首席负责人引领下的校本培训运作模式，遵循"课前准备—视频课堂观察—案例讨论—行动反思—提炼措施"的流程，将培训、教研、科研三元统整，着眼于提升教师课堂教学的有效性。

⑥ 机制创新策略。学校健全了激励机制,每学年开展一次案例(论文)评奖活动,形成了"培训—写作—盲评—交流"的科研流程,提炼教师的教学经验,规范教师的科学研究,为教师的专业化发展提供了平台。

(3)以真诚的服务提升研修品质。

引入经营理念、丰富学校教育科研过程元素,是提高学校教育科研活力的必要尝试,也是推动学校管理方式改变、提升研修品质的重要支点。为此,打造一支业务精、肯钻研、能力强的科研队伍是至关重要的。在工作中学校努力以实施关怀为载体,实行点上突破、以点带面、点面结合的工作原则,增强学校科研工作自身的造血功能。

① 鼓励教师讲真话。学校树立"思考的起点要高、选题的入口要小、操作的落点要实、研究的过程要真"这一思路,避免"伪科研""假科研"倾向。在首席负责人招标过程中,学校注重原汁原味,现场答辩、现场开标、现场签合同书、现场领取第一笔启动经费,名不见经传的教师通过竞聘答辩,成为首席负责人。

② 要求教师真干活。真问题是教师在实践中遇到的感兴趣并想解决的有实际意义的问题。研究过程中要帮助教师把好选题关,端正研究动机,加强过程管理,确立课题研究日,定期开展活动。学校开展"互动对话式"研讨活动,让教研活动成为教师成长的又一平台。让讲课教师、培训者、被培训教师在视频课例、理念、策略、效果的平台互动对话中形成共识,在民主平等的交流中坦露、修正教育思想观念。

③ 给予教师真帮助。学校努力创设"公平、公正、公开"的工作环境,倡导能者多劳、多劳多得的高效持续的发展态势,让教师有安全感、归属感,从而激发了教师教书育人的内在热情,为教师实现从专业化向精细化、个性化发展的目标提供学习机会,让老师在体验过程中感受成长。

2. 结合课程教学改革需求开展研究

教师的能力提升,要与课程教学的实践紧密关联,这意味着,开展教育研究活动,也要结合课程教学改革实际,在研究和实践的紧密结合中真正提升教师能力。三中心小学注重结合课程教学改革的现实需要确定研究命题,实现教师队伍培养和课程教学改革同步推进的价值诉求。例如"跨界与重塑:提升教师跨学科教学素养的校本教研新实践"是学校承担的新课题项目,可以通过这一项目研究的整体设计来理解三中心小学是如何结合课程教学改革需要遴选研究项目,并通过研究促进教师专业能力提升的。

跨界与重塑：提升教师跨学科教学素养的校本教研新实践

一、研究背景与意义

（一）研究意义

1. 丰富新课标背景下校本教研内涵与形式

指向教师跨学科教学素养提升的校本教研可以帮助学校建立起一套全新的教研系统，构建多类型、多学科、多层次人员参与的教研共同体。围绕跨学科学习内涵要素重塑的校本教研呈现"问题导向、学科融合、互动对话、实践反思"的特点，在持续运作与完善中形成具有共同价值追求、关注平等对话、促进经验生成共享的学校教研新生态，为普通小学教师跨学科教学素养培育的校本教研提供具体的实践操作导引和行动策略。

2. 提升教师将育人蓝图转化为自觉改革行动的意识与能力

教师是需要终身学习的职业，学会学习是教师跨学科素养发展的元认知条件，跨学科教学素养提升的校本教研整合了教师专业发展的理智取向、反思取向和生态取向，打破了学科边界，以解决真实问题为导向的研究活动催动了教师学习的持续与深入，促进教学研讨中教师复杂知识和技能的获得，提升教师问题解决能力和创新合作意识水平，从而更好地引导学生进行跨学科思考和学习，助力学生核心素养的培育。

3. 提供现代学校治理的视角与举措

以学校教研的变革提升教师跨学科教学质量为切口的研究，将"国家统一制定的育人蓝图细化为学校的育人施工图"，创建协同、互动、创新的跨学科学习社区，形成崭新的教研生态，学校需要审视和重构传统教研模式，撬动内部组织管理、课程与教学的宏观设计，优化内部结构与制度运行，全面打造学校协同育人的新场域。

（二）研究现状

1. 跨学科学习成为学生综合素养培育的重要方式

跨学科学习最早由美国心理学家伍德沃斯教授于 1926 年提出。1981 年，英国学者汉弗莱斯给出了跨学科学习的基本定义，指学习者在多个学科领域全面寻找与自身生活相关的知识，以促使技能和知识在多学科学习中得到发展和运用。义务教育课程方案和课程标准（2022 年版）多次提及"跨学科"概念，明确提出各门课程需要用不少于 10% 的课时开展综合性的跨学科主题学习。因此，不少学校以"跨学科主题学习"为主线开展跨学科学习，从最初把不同学科的教学内容放在同一个课程，把不同学科的知识点串联起来，发展为关注跨学科主题的生成，学科间的融合，教学任务的设计和过程性的评价。跨学科主题学习已经逐渐成为教育领域的热门话题，成为学生综合素养培育的重要方式。

2. 教师跨学科教学素养是制约跨学科学习实践质量的因素

学界对跨学科素养的理解大体可分为两类：一是未有具体明确的学科指向，是跨领域的通用型、一般性素养；二是具有一定的学科指向，认为跨学科素养的"跨学科"位于学科整合程度连续体的中间水平。基于第二种理解，本研究认为教师跨学科素养其"跨学科"之意蕴具有一定的学科指向性。正如有学者指出，跨学科教学是在夯实分科教学的基础上，教授学科知识而非"跨学科知识"，是基于问题或项目的知识整合式、生活经验整合式和学习者中心整合式教学。

就现状来看，尽管跨学科学习已成为教育领域的热门话题，但教师实施跨学科教学所必需的跨学科知识、跨学科教学设计与组织能力、问题导向的教学能力以及跨学科评价能力等储备尚显不足，这成为制约跨学科学习设计与实施的因素。

3. 教师跨学科教学素养的提升亟待校本教研形态的主动重塑

教研是中国特色教育的典型代表，《教育部关于加强和改进新时代基础教育教研工作的意见》指出，要强化校本教研，突出全面育人研究。教师的职后发展在很大程度上仰赖校本教研的途径，校本教研创造了教师学习的文化，也提供了教师实践性经验积累的场域。跨学科学习所具有的综合性、开放性、实践性、探究性等特点叩问当下校本教研的适应性，需要调试以分科课程为逻辑取向的科层设置与组织管理，有机地将跨学科教学研究纳入校本教研常态内容，搭建教师跨学科教学的脚手架，唤醒教师发展的内驱力和创造性。

二、课题设计内涵与要点

（一）概念界定

本研究中涉及的核心概念是"教师跨学科教学素养"。

"跨学科教学素养"是由"跨学科教学"和"教学素养"两个部分构成的复合词。"跨学科教学"强调打破学科壁垒、超越学科边界，有机整合重构两个及以上学科知识开展教学实践活动。"教学素养"是教师在教学实践活动中所彰显的综合素养，动态形成于教学知识、教学能力和教学情意的积淀。

本研究中，跨学科教学素养指的是教师在指导学生进行跨学科学习活动时的必备品格和关键能力。跨学科教学素养是一个由教师跨学科教学情意、跨学科教学知识和跨学科教学能力构成的综合体。

（二）研究目标

1. 调研并解读本校教研与跨学科实施的真实问题

2. 厘清并构建教师跨学科教学素养的基本内涵要素

3. 形成并践行教师跨学科教学素养提升的校本教研实践路径与支持策略

4. 建设并运行教师跨学科教学素养提升的校本教研保障系统

5. 积累并研磨跨学科教学、教研及教师成长的典型案例

（三）研究内容

1. 指向学校跨学科学习，教师素养与校本教研实践的基础研究

（1）现状分析

第一，学生跨学科学习情况调研：包括学生对跨学科学习的参与程度、学习兴趣、学习成效等方面。

第二，教师跨学科认识与需求调研：包括教师对跨学科的认识与理解、知识储备、问题与困惑以及实际需求等方面。

第三，校本教研现状调研：包括学校学科教研与跨学科教研开展情况，内容和方式，存在问题等方面。

第四，剖析学校已有跨学科教学实践案例：收集和整理学校已有的跨学科教学实践案例，盘整学科教研与跨学科教研的差异，厘清可发展空间与实践难点。

（2）理论研究

第一，研究跨学科学习理论，全面了解跨学科学习的本质、原理、基本范式和实践措施。

第二，研究教师专业发展及教师素养等相关理论，归纳教师专业发展的阶段性特征、影响因素和发展路径，为教师的专业成长和跨学科素养提升提供理论支撑和指导方针。

第三，研究教研活动理论相关内容，明晰教研活动的本质、目的、方法和评价等方面的理论基础。

2. 教师跨学科教学素养的基本内涵要素研究

（1）通过课程改革趋势与教师专业发展理论分析等，明晰教师跨学科教学素养的内涵与构成，立足校本，初拟"跨学科教学情意、跨学科教学知识、跨学科教学能力"三大素养维度，逐步细化内涵，形成对应表现性特征。

（2）通过问卷的形式，收集教师的教龄、在学校担任的职务以及职业发展阶段等信息，并针对不同教龄段、不同职务和不同职业发展阶段的教师进行对

比分析，全面了解不同职业发展阶段教师跨学科教学素养的差异化特征。

3. 教师跨学科教学需求导向的校本教研结构与内容研究

（1）学习跨学科教学相关知识，包括不同学科的概念、跨学科相关的理论、实践范式以及基本操作技术。

（2）提炼跨学科教学实践中的难点，捕捉教研问题，并建立教研问题序列。

（3）解构跨学科的经典案例，通过观摩国内外小学跨学科教学的实践案例，深入解读其跨学科教学过程及关键实施点。

（4）建立结构化的跨学科教研模块，包括"学科＋跨学科""理论＋实践""方法＋技术"等内容模块，并根据"固化＋弹性""共性＋个性""普适＋进阶"原则进行模块的重组。

4. 聚焦教师跨学科教学能力提升的校本教研路径与支持策略研究

（1）跨学科校本教研系统要素建构。

结合教研活动理论，明确跨学科教研的基本要素，初拟五大基本构成要素：跨学科教研问题（主题）、共同体（教研活动中的组织者、协同者和促进者）、规则（约束和激励措施、流程规范）、工具（促进跨学科教研交流、协作、共享活动的中介或平台）、分工（角色或任务分配）等；厘清跨学科校本教研要素与学科教研要素的区别。

（2）跨学科校本教研运行流程。

初拟"问题聚类与整合—学科概念提炼与联结—学科关联与协同—方案整体设计与实施—质量评估与改进"五个基本环节，通过研究完善每个环节的具体操作要则，在不断迭代循环中，提升教研质量。

（3）跨学科校本教研实施策略。

创设跨学科教研多元实践路径，以跨学科教研场域的多样化、教研形式的丰富性吸引与满足教师的参与。通过建立跨学科教研项目主理人制度、设计跨学科教研驱动性问题和任务、应用循证实施跨学科研究课、开发教师跨学科教学支持工具和全情境培训项目等激发教师跨学科教学的创造性。

5. 加强教师跨学科教学素养的校本教研保障系统的研究

（1）营建跨学科教研背景下教师协作文化，建立协同分享、互动创新的学习社区，培育教研组织者的角色胜任力。

（2）从制度、资源、环境、工具、评价等维度搭建支持系统，完善运作机制，确保校本教研的有序开展。

三、研究方法与步骤

（一）研究基本思路

通过课程改革趋势分析与教师专业发展理论分析等，明晰教师跨学科教学素养的内涵与构成，构建指向跨学科教学素养提升的校本教研实践框架，依托跨学科活动方案设计与实施的行动探索，形成主题内容确立、教研共同体构建、分工、运作方式与规则等技术策略、工具与实践案例，建立校本教研高效运作的支持系统，营造学校教研新生态并促进师生共发展。

（二）研究方法

本课题扎根教师教学实践，通过"整体设计—分步实施—过程跟踪—评估反思—优化实践"的步骤，不断提升研究的科学性。

根据跨学科教研的实际问题，综合运用文献研究、数据分析、田野观察、案例研究和行动研究等，以循证实践思路，强化改进证据的针对性、逻辑性和可解释性。其中文献研究主要用于内涵要素的确立，并贯穿全过程；调查研究主要运用于教师需求等相关数据的搜集；循证教学进行跨学科教学设计与分析；行动研究主要用于跨学科教研的运行与实施；案例研究将从教师、课例、活动案例等方面加以展开。

（三）研究分工与步骤

本项目研究主要分为五个阶段开展，各时间段的起止时间、主要工作、预期成果和责任人安排如下：

序号	时间段	研究主题、内容	预期成果	负责人
1	2023.9—2023.12	分析设计阶段 （1）文献资料收集梳理，设计课题方案。 （2）前期相关调研及分析，剖析学校已有跨学科教学实践案例，明晰教师跨学科教学认识与需求。	调查问卷设计与分析	韦　敏 沈谌用
2	2024.1—2024.8	结构搭建阶段 （1）基于新课程方案、学科课程标准，以及相关文献，梳理归纳出"教师跨学科教学素养"的关键要素，逐步细化内涵，形成对应表现性特征。 （2）捕捉教研问题，建立教研问题序列，设计教研工具。	教师跨学科教学素养内涵梳理	陆　琴 沈谌用

（续表）

序号	时间段	研究主题、内容	预期成果	负责人
3	2024.9—2025.12	实践求证阶段 （1）提炼跨学科教研系统的要素，探索运行流程及实施策略。 （2）多层面调研，整理分析案例，专家论证，进行中期评估，形成下阶段课题研究的优化路径。	教师成长案例 校本教研实践案例 跨学科主题学习案例	学科教师 沈谌用 戚昱薇 韦 敏
4	2026.1—2026.12	优化完善阶段 实践跨学科教研多元路径，形成典型案例，举行阶段性成果推介活动。	教师跨学科校本教研活动指南	陆 琴 戚昱薇 孙 敏
5	2027.1—2027.6	系统总结阶段 （1）整理相关研究资料、回溯分析。 （2）全面提炼、总结和评估，形成相关成果。	研究报告	尤 睿

四、研究实施与推进

（一）研究的启动实施

1. 理论学习

学校在研究的启动阶段，开展了一系列关于跨学科学习和校本教研的理论培训。

（1）2023年3月学校开展"基于规范，走向深度的教研探索与实践"的培训，全校教师了解了深度教研活动的实践过程和成果，积累了一系列优秀的深度教研案例。

（2）2023年10月学校进行了跨学科理论专题学习，厘清"跨学科主题学习""主题式综合实践活动"和"项目化学习"的概念，并探讨它们之间的联系和区别。

（3）2023年11月通过校际观摩培训，收集了跨学科活动的经典案例，并学习了跨学科教学相关的教学策略和实践策略。

2. 问卷设计

就学校跨学科学习、教师跨学科素养、校本教研这三方面设计《静安区闸北第三中心小学跨学科教学与教研实践现状的调查问卷》，了解学校跨学科学习的情况、教师对跨学科教学的需求以及学校跨学科教研的开展情况，判断下一步研究工作的重点。

3. 剖析学校已有跨学科教学和教研实践案例

学校开展了低年级主题综合活动、高年级项目化学习、跨学科主题学习等活动。通过复盘这些活动中的行动和实施路径及活动成果、成效，学校一方面可以盘点指向"非单一"学科活动的操作模式和开展形式，另一方面也让教师在实践摸索中暴露前端认识产生的实际需求。

（二）研究的全面推进

1. 继续开展指向教师跨学科素养的教师研修

（1）理论研修。继续学习跨学科教学相关知识，包括不同学科大概念，跨学科相关的理论、实践范式、基本操作技术。

（2）案例研修。观摩学习国内外小学跨学科教学经典实践案例，解读跨学科教学过程及关键实施点。

（3）课堂研究。开展跨学科的研究课，在课堂中提升教师跨学科的教学实践能力的同时，提炼跨学科教学实践难点，捕捉教研问题，建立教研问题序列。

2. 组建跨学科核心团队

组建青年跨学科资源研发团队，建立学校跨学科资源库，进行跨学科资源包的研发，资源包包括跨学科活动方案、教案、媒体、任务单、评价单等。资料包提供给全体教师，进行资源学习与共享。以点带面，带动全体教师参与跨学科的教育实践。

3. 探索多形式的跨学科教研模式

（1）年级组引领的跨学科教研模式：以"新城时光里"低年级主题综合活动和"智慧学苑"高年级项目化学习为载体，开展年级组跨学科教研，形成年级组跨学科教研案例。

（2）教研组引领的跨学科教研模式：以各学科跨学科主题学习为载体，开展教研组的跨学科教研，形成教研组跨学科教研案例。

（3）以青年跨学科资源研发团队为引领的教研模式：以建立跨学科资源库、研发资源包为核心。通过教研活动，团队成员共同探讨资源包的设计理念、跨学科方案设计、实施策略及评价估计等，从而形成相关的教研案例。

4. 优化跨学科教研的工具

（1）跨学科教研活动记录表和流程。

（2）跨学科教研评价表。

（3）跨学科资源库。

（4）在线平台或社区。

（5）专业培训和指导材料。

教师是教育高质量发展的第一资源，强教和强师具有内在的逻辑一致性。新时代我国教育强国建设和高质量教育体系建设对中小学教师专业能力提升提出了更高要求。同时，中小学教师自身具有较强的专业能力提升意愿，对专业发展保障的需求也较为强烈[①]，在这样的情况下，不论是基础教育的学校，还是教师个人，都应该充分认识到提升教师专业能力的客观必要性，要从内外两个方面建构教师专业能力提升的引导、规范和支持体系，只有真正将教师能力建设作为教师专业发展的核心内容，才能更好地观照教师专业发展的实践属性，触及教师队伍整体质量提升的关键问题，也才能真正打造适应教育强国和高质量教育体系建设的优质师资队伍。

---

① 庞丽娟，等. 教育高质量发展背景下中小学教师专业能力提升意愿、需求及建议［J］. 北京师范大学学报（社会科学版），2024（04）：39-47.

第四章　绽放生命：强师的价值旨归

教师是完整的人，教师的专业成长不应该是一种零散的设计，其本质上应该指向教师完整的生命成长，指向教师生命的精彩绽放。

如何认识教师，决定了建设教师队伍的基本逻辑出发点和终极价值目标。从本质上看，教师不是一种工具理性的存在，其专业发展不仅仅是为了实践技能的提升。不论是培养教师的职业理想，提升教师的职业道德，还是厚植教师的专业知识，发展教师的专业能力，都是一种对教师专业发展的"切片式"关照，这些关照，最终要通过教师作为具体的人、完整的人来整合呈现。作为"人"的教师是生命性存在，长、宽、高三向维度不断发展、丰盈及彼此之间的矛盾运动造就了生命的完整性。唯有使构成教师生命的各个维度良性并进，才能改善顾此失彼的失衡局面，使教师真正为"人"①。这意味着，新时代的教师队伍建设，应该通过有效的教师治理体系建构，打破传统教师专业发展的技术和工具理性，回归对教师生命的尊重，以教师专业性生命的完美绽放作为根本价值旨归②。

教师的专业生命是指教师在教育工作中不断成长、发展和创新的过程。这个过程可以被比喻为花朵的绽放，需要适宜的环境、充足的养分和精心的照料。教师专业生命的绽放，是一种教师专业发展多元路径共同追求的理想境界，它蕴含着教师的持续学习与自我提升，即教师应不断学习新的教育理念、教学方法和学科知识，以适应教育的发展和学生的需求。这包括参加专业培训、研讨会，阅读专业书籍和研究论文，以及与同行交流经验；蕴含着教师的教学实践与反思，即通过日常的教学实践，教师可以积累丰富的经验，并通过对教学过程和结果的反思，不断调整和优化教学策略。反思可以帮助教师识别自己的强

---

① 明庆华，赵鹏．再论作为"人"的教师和作为"教师"的人［J］．教育科学研究，2022（04）：12-18.

② 姜勇，庞丽娟．论教师专业生命的完美绽放：从管理走向治理［J］．中国教育学刊，2019（08）：65-75.

项和弱点，从而有针对性地进行改进；蕴含着教师的创新与探索，即教师应勇于尝试新的教学方法和技术，如利用信息技术辅助教学、开展项目式学习等，以激发学生的学习兴趣和创造力。创新不仅能够提高教学效果，也能够让教师自身保持活力和热情；蕴含着教师的情感投入与人文关怀，即教师的专业生命不仅仅是知识和技能的积累，更是情感和人文关怀的体现。教师应关注学生的情感需求，建立良好的师生关系，通过鼓励和支持帮助学生成长。教师的专业生命蕴含着教师的合作与共享，即教师应与同事、家长和社会各界建立合作关系，共同为学生的全面发展努力。通过合作，教师可以共享资源和经验，形成教育合力，共同促进教育事业的发展。整体而言，教师专业发展的最高境界是生命自觉的境界[1]，是专业生命精彩绽放的境界。教师专业生命的绽放是一个全方位、多层次的过程，需要教师在知识、技能、情感和人际关系等多个方面不断努力和提升。通过这样的过程，教师不仅能够实现自我价值的提升，也能够为学生的成长和社会的进步作出更大的贡献。学校和教师个体，要认识到教师的生命价值，让教师在专业生命的精彩绽放中达成价值，实现成长。

一、制度建设：教师生命绽放的外部保障

从生命绽放的角度看待教师专业发展，要认识到社会性是教师专业发展的基础。人和其他动物一样，首先需要有生存所必备的物质条件，如空气、阳光、水、食物、衣物等，这也是人生存的最基本需要。按照马斯洛的需要层次理论，人只有在满足了最低层次的基本需要后，才会有动力向着更高层次的需要努力。外界社会为教师提供合理充足的物质保障，是生命主体得以持续发展的前提。同时，作为具有社会性的人，除了满足近乎于本能的生存需求外，还要为了寻求更美好的生活与周围的其他人打交道，人与人的交往构成了基本的社会活动，在社会活动中有相互的学习活动，有情感的表达和心灵的交流。因此，在满足教师基本物质需求的同时，为教师提供和谐的外界生活环境及关注教师的内心需求是教师专业发展的基础和原动力。这种教师专业发展的社会性基础与教师专业发展研究、实践中的"生态"取向有内在的一致性。

---

① 岳欣云.教师发展的最高境界：教师生命自觉[J].华东师范大学学报(教育科学版),2018(02)：117–122,158.

生态取向的教师发展活动是存在于一定空间环境中的，在这个空间内不仅有教师这一生命主体，同时还包括与之相关的学校物质条件和社会环境条件等。不论是基于教师专业发展的社会性考量，还是基于生态取向的教师专业发展思路，都需要学校整合资源，为教师成长提供一种必要的完整的支持。这种支持，往往是通过学校教师队伍建设不同维度的制度建构来保障的。基于这样的认识，三中心小学注重从教师专业发展的制度建设入手，构筑教师专业生命绽放的外部保障机制。

（一）教师评聘制度及举例

教师评聘制度建设是教育体系中的一个关键环节，它对于提高教育质量、促进教师专业发展和维护教育公平具有重要意义。通过建立科学的评价标准和程序，教师评聘制度能够激励教师积极进取，不断提升自身的教学能力和科研水平。同时，它也是一种约束机制，确保教师遵守职业道德和教育规范。评聘制度能够鼓励教师参与专业培训和学术研究，通过评价教师的教学成果和科研贡献，推动教师队伍的整体素质提升。公正的评聘制度能够确保教师职位的竞争公平，避免任人唯亲和权力寻租现象，从而保障教育资源的合理分配和教育机会的平等。通过评聘制度筛选和培养高素质的教师，有助于提升学校的教学质量和学生的学习效果。拥有一支高素质的教师队伍是学校竞争力的重要体现。通过有效的评聘制度，学校能够吸引和留住优秀人才，提升学校的整体竞争力。整体而言，教师评聘制度建设是一个系统工程，需要政府、教育行政部门、学校和教师共同努力，不断探索和完善，以实现教育的高质量发展。作为学校，要结合本校教师队伍建设实际，在充分调研的基础上形成具有可操作性的评聘制度体系。

静安区闸北第三中心小学教师中、高级职称申报校内评审方案

一 基本条件

（一）中级职务评审条件

1. 具备本科及以上学历，在二级教师岗位任教满四年；具备研究生学历，毕业后任教满三年，且班主任年限满二年及以上的教师，具备申报一级教师资格。

2. 申报教师必须完成本学段学科满额工作量一半以上的教学课时。

3. 教师一般应担任三年及以上班主任或学生共青团、少先队工作。

4. 在任二级教师职务期间，至少有两节校级以上（含校级）的公开课，应提供任现职务期间，能反映本人教育教学和教育科研水平的文章二至三篇。

（二）高级职务评审条件

1. 1975 年 1 月 1 日以后出生的具备大学本科及以上学历或学士及以上学位；1974 年 12 月 31 日以前出生的具有大学专科及以上学历，在一级教师岗位任教满五年的教师，具备申报高级教师资格。

2. 申报教师必须完成本学段学科满额工作量一半以上的教学课时。

3. 提供任一级教师职务期间，在区级以上（含区级）刊物发表或交流的教育教学论文或教育科研成果的文章二至三篇，其中一篇必须经过上海市教育评估院鉴定。

二 评审要求

1. 学校职称评审小组主要对申报教师在任期内的专业表现、现场专业表现等进行评定，并按总分排序确定校内申报一级教师或高级教师职务的资格。

2. 评审内容占比：任期内专业表现资料 60%，包括公开课教学、论文发表、荣誉称号、指导师生以及承担工作情况等；现场专业表现 40%，包括课堂教学展示、论文答辩等。

三 评审流程

1. 根据教育局有关中、高级职务评审文件和下拨当年的中、高级职称评审名额，学校召开全校教师大会，传达教育局相关文件精神，公布评审名额。

2. 教师个人申报，上交评审资料。

3. 学校组织专家听课、答辩。

4. 学校教师职称评审委员会成员对申报教师的资料、现场上课、论文及专家答辩进行综合打分并排名。

5. 学校教师职称监督委员会成员对申报教师有关材料和学校教师职称评审委员会的评审结果予以审核并反馈。

6. 学校教师职称评审委员会最终决定参加区教师中、高级职称评审的名单并公示。

（二）教师工作制度及举例

对于教师工作的关注，逻辑起点是规范和引领教师的工作内容、工作要求和工作方式，进而通过工作效能的提升优化教师的职业幸福感。对于教师的专业生命绽放而言，教师的职业幸福感是其理所当然的内容和指标。教师职业幸福感是衡量教师的教育生活质量和生存心理状态的重要指标，对教师自身、学生和学校来说都具有重要作用。教师职业幸福感由认知心理和情绪情感构成。当前，教师职业幸福感低落的现实困境在于教师职业劳动异化所造成的低感受度，表现为社会对教师高要求导致的教师职业价值异化、付出与回报不匹配导致的教师自我价值异化、高职业压力与负担导致的教师工作场域异化以及教师身心遭受磨砺导致的工作主体异化[①]。笼统而言，教师工作的复杂性、多样性以及工作中各方面要求的不确定性在很大程度上导致了教师职业幸福感的缺失。一项大样本调查显示，教师工作满意度居于中等偏上水平，而其中影响教师满意度的重要指标就是工作中的不确定性[②]。当前，教师的工作繁多，教学、科研、管理、服务、党建、宣传等，很多都需要教师亲身参与。作为学校，要通过教师工作制度的健全、完善为教师的工作保驾护航，也为教师的"减负"提供制度保障。比如，在当前的教育工作中，意识形态工作是教师普遍感到困惑的，甚至在很大程度上给教师带来了思想压力，三中心小学基于这样的现实，制定出台了意识形态工作责任制，帮助教师解除工作中的后顾之忧，提升了教师的工作满意度。

静安区闸北第三中学小学意识形态工作责任制度

第一条 微信公众号、微博等自媒体的信息发布由学校信息宣传员统一负责，发布的内容须经校级分管领导审核。

第二条 教师之间因工作需要建立QQ、微信等群组，仅限于发布与工作有关的信息。班级建立的家校沟通群，原则上由班主任担任群主，只用于发布告知类信息，不得公布学生成绩、排名及其他个人隐私。以上各类群主在建群初期应制定群公约，参照执行《关于规范党员干部网络行为的意见》。群主要对所建群进行日常管理。

第三条 教师不得以校内职务身份注册各类社交软件，发布言论要符合教师身份，体现为人师表。

第四条 校园网站的信息发布，由学校授予管理权限的各部门分工负责，

---

① 柳海民，郑星媛.教师职业幸福感：基本构成、现实困境和提升策略［J］.现代教育管理，2021（09）：74-80.

② 祁占勇，等."双减"格局下教师工作满意度：现状、差异与影响因素［J］.教育科学研究，2024（07）：5-12.

发布内容须经校级分管领导审核。

第五条　电子屏幕、公告栏等线下宣传板块，由学校授权的职能部门负责，发布内容须经校级分管领导审核。

第六条　学校对外的文字宣传，如校级刊物、招生资料等，由各职能部门负责起草，校级分管领导审核通过后发布。

第七条　对家长和学生发放的各类书面通知，由课程部负责，同时报校级分管领导审核。

第八条　学校自编的各种教学资料、校本教材，外籍教师授课课程，由课程部负责审核。

第九条　引导教师从行业官方网站下载教学资源，慎用出处不明的网络资源，资源引用要承担相应责任。对外公开课教学和展示活动使用的教学资源，须经课程部审核。

第十条　党支部书记是学校意识形态工作第一责任人，校级分管领导是直接责任人，学校班子成员"一岗双责"。

第十一条　上述规定的解释权归校长室、党支部，并自公布之日起实施。

（三）教师培养制度及举例

教师培养是学校教师队伍建设的核心工作，教师培养的对象、内容、路径是多样化的，这也决定了教师培养制度的设计应该是内容丰富的。学校需要通过制度建设：① 确保新招聘的教师在入职初期能接受系统的培训，包括学校文化、教学理念、课程内容、教学方法等，以帮助他们快速适应学校环境和教学工作；② 保障定期组织教师参加专业发展培训，涵盖最新的教育理论、教学技术、学生心理等方面的内容，旨在提升教师的教学能力和专业素养；③ 鼓励教师之间进行教学观摩和经验交流，通过互相学习，取长补短，提高教学质量；④ 学校为新教师配备经验丰富的导师，通过一对一的指导，帮助新教师解决教学中遇到的问题，促进其快速成长；⑤ 成立教学研究和实践的相应组织，由教师自主选择研究课题，进行深入探讨和实践，以提高教学效果和科研能力；⑥ 对教师的教学进行定期评估，包括学生评价、同行评价和领导评价等，评估结果将作为教师晋升和奖励的依据；⑦ 设立教学成果奖、优秀教师等评选活动，激励教师积极进取，提高教学质量；⑧ 根据教师的个人特点和职业规划，制定个性化的专业发展计划，帮助教师实现职业目标。总而言之，学校教师培养的相关制度应该涵盖所有教师的所有工作领域，这是教师队伍建设最为重要的制度保障。

静安区闸北第三中心小学落实"教学常规模范教师"评选方案

一、指导思想

为了进一步加强师资队伍建设，促进教师专业化发展，提升教师专业自觉，为优秀教师提供广阔的发展空间和良好的成长环境，特制定本评选方案。

二、评选对象

积极承担并认真完成学校各级各类教学任务的专职教师。

三、评选条件

1. 热爱教育事业，爱岗敬业，能认真履行《阳光教师每一天》的各项条例，教书育人，爱护学生，为人师表，师德高尚。

2. 在"基于课程标准的教学与评价"的研究背景下，正确领会精神，结合学科特点，研读教材文本。备课中精心设计"阳光课堂"的"三声""四点""五让"，并在课后及时反思。

3. 在教学实践中能不断深化阳光课堂的研究，重视学生学习兴趣的激发、学习习惯的培养以及学习能力的提升。

4. 重视"减负增效"，关注作业及练习活动的设计、评价，体现思维性、激励性和趣味性。

5. 树立科学的质量观，重视分析与反思，善于分析问题，制定改进教学的有效策略。

6. 凡在学期内教学工作中出现下述情况之一者，取消"教学常规模范教师"评选申报资格。

（1）不服从本单位教学任务安排者。

（2）发生过教学违规或违反学校工作纪律者。

（3）病假、事假累计超过七天及以上者或有旷工行为者。

（4）无故不参加学校组织的研修活动者。

（5）受到学校纪律处分或违反法律法规者。

四、评选程序

1. 申请

申请人对照评选条件，填写好申报表，并将申报表交学校评选工作领导小组。

2. 评审

课程部结合日常教学常规的检查和随查情况对申报者进行评审,并提交评选工作领导小组进行审核。

3. 公示

将评选结果进行公示。

4. 展示

"教学常规模范教师"获得者进行资料展示。

五、评选方法及奖励

1. "教学常规模范教师"每学期评选一次。

2. "教学常规模范教师"获得者,学校授予荣誉证书,并在学期考核奖中一次性奖励。

3. "教学常规模范教师"获得者,下学期教学常规免检,考核为"A",参与课程部常规检查。在同等条件下予以提干优先、培训优先、评优优先、职称评审优先。

六、续聘工作

1. "教学常规模范教师"在任职期内能主动承担、积极接受学校各项任务,发挥引领、示范的作用。

2. "教学常规模范教师"在任职期内至少进行一次校内及以上教学研究活动。

3. 学期末,"教学常规模范教师"将对一学期的教学常规进行资料展示。

4. 学校将根据"教学常规模范教师"的工作表现,采用"自下而上、上下结合"的考核方式进行评价。

静安区闸北第三中心小学"育德之星"评选方案

一、指导思想

为扎实推进《中共中央、国务院关于全面深化新时代教师队伍建设改革的意见》的实施,坚持为党育人,为国育才,落实立德树人根本任务,提高全体教师的育人意识和能力,学校将通过开展"育德之星"评选,加强教师队伍建设,表彰优秀,推动教师发挥更加积极的作用。

二、评选范围

1. 担任班主任年限五年及以下的教师。

2. 教龄五年及以下的青年教师。

三、评选条件

（一）担任班主任工作的教师

1. 坚持党的教育方针政策，模范遵守和执行《中小学班主任工作规定》及《新时代中小学教师职业行为十项准则》。热爱教育事业，热爱班主任工作。敬业爱岗，为人师表，具有高尚的道德情操和良好的师德修养。

2. 具有科学的育人理念及育人方式，形成育人主张。主动做好班级管理工作，营造良好的班级氛围。能主动关注班级里的特殊学生，开展个性化的辅导。

3. 有较强的组织策划活动的能力，积极参与学校各类活动，形成明显的班级特色。

4. 主动参与德育研究，在校级及以上层面开展过与德育相关的经验交流或课堂展示。

5. 获得学生、家长及任课老师的高度认可。在班风学风测评、阳光教师测评等学校调研中表现突出。在近两年内曾获得过校"阳光教师"称号或"阳光教师提名奖"。

（二）参与浸润式跟岗的青年教师

1. 坚持党的教育方针政策，模范遵守和执行《新时代中小学教师职业行为十项准则》。热爱教育事业，敬业爱岗，为人师表，具有高尚的道德情操和良好的师德修养。

2. 能积极参与德育工作，在浸润式跟岗期间，坚持学科育德，主动参与班风和学风建设。

3. 具有科学的育人理念及育人方式，形成自己的育人主张，能结合学科特点教育学生，引导学生树立正确的价值观和道德观念。

4. 能按照学校要求认真参与浸润式跟岗，注重反思与积累，认真完成《浸润式跟岗手册》。

5. 获得学生、家长、班主任及其他任课老师的普遍认可，在近两年内曾获得过校"阳光教师"称号或"阳光教师提名奖"。

四、评选程序

（一）宣传动员

通过教职工大会、班主任例会、"90后微光社"活动等形式组织学习评选方案，领会工作精神，明确评选条件与办法，营造理解、尊重、热爱、向上的良好氛围。

（二）自主申报

本次评选采取推荐和自荐相结合的方式组织报名。参评者可以自荐，班主任及其他任课教师也可以围绕上述内容进行推荐。

（三）组织评选

学校根据评选条件和要求审核参评者的申报资料，广泛听取班主任及任课老师的意见，并围绕育人理念、实践成效等方面进行考核。

（四）校内公示

评审领导小组将评选结果在校内公示（公示期三天）。

（五）表彰奖励

1. 被评为"育德之星"的班主任，将优先获得区德育类评优资格，有资格参与校"十佳班主任"评选。

2. 被评为"育德之星"的青年教师，将成为浸润式跟岗研修的优秀学员并结业。

3."育德之星"的获得者由学校颁发荣誉证书，并纳入绩效考核，予以奖励。

（四）教师评价制度及举例

教师评价是对教师工作现实的或潜在的价值作出判断的活动。它的目的是促进教师的专业发展与提高教学效能。而当前的教师评价很多时候主要侧重于鉴别教师完成教学任务和参与学校活动的情况，一般在学期末或学年末进行，大多是一种终结性的、行政性的评价[①]，并不能真正发挥教师评价应有的价值。建设高质量教师队伍，必须改革教师评价方式：指导思想上要"去唯纠偏"；技术路径上要"破立结合"；评价对象要精细化分类；评价维度要多元综合；评价考核机制上要"有区别脱钩"；评价方法上要"落实减负"；推进改革要"协同联动"[②]。对于学校而言，如何结合新时代教育评价的理念，完善学校教师评价的制度体系，真正发挥评价的发展性功能，是当前学校教师评价改革的重要工作。以教职工最为关心的绩效工资为例，学校反复征求意见，不断完善方案，最终

[①] 胡咏梅，薛莲.校本教师评价理论探索[J].中国教育学刊，2010（07）：71-74.

[②] 管培俊.改革教师评价方式 建设高质量教师队伍[J].中国高等教育，2022（13-14）：22-23.

形成了真实反映教师工作绩效并呈现出鲜明发展性导向的学期考核实施办法：

静安区闸北第三中心小学学期考核实施办法

为了进一步贯彻"按劳分配、多劳多得、优绩优酬"的原则，本着"增强学校内部活力，提高办学质量，促进学校可持续发展"的目的，学校加强学期考核，具体内容及要求如下：

一、常规考核类

（一）教师专业化发展考核

1. 教师专业能力考核实行量化分考核制，其中"育人立德能力"占 15%，"教学实践能力"占 65%，"课程领导能力"占 20%。详见《静安区闸北第三中心小学教师专业能力考核方案》。

2. 教师专业化发展考核基数 70 元 / 分。

（二）班主任工作考核

1. 班主任考核实行量化分考核制，其中"日常考核"占 40%，"学期考核"占 60%。详见《静安区闸北第三中心小学班主任工作考核方案》。

2. 班主任考核基数 70 元 / 分。

（三）团队建设考核

1. 教研组考核。

语数英学科教研组总分为 100 分，达 90 分及以上为优秀教研组；综合学科教研组总分为 85 分，达 75 分及以上为优秀教研组。按总分占比达 80% 为良好教研组、达 60% 为合格教研组、60% 以下为不合格教研组。详见《静安区闸北第三中心小学优秀教研组评选方案》。

优秀教研组组长奖励 700 元，优秀教研组成员奖励 700 元；良好教研组成员奖励 300 元；合格教研组成员奖励 100 元。

2. 年级组考核。

优秀年级组 90—100 分；良好年级组 80—89 分；达标年级组 60—79 分；须努力年级组 60 分以下。详见《静安区闸北第三中心小学优秀年级组考核方案》。

优秀年级组组长奖励 700 元，优秀年级组成员奖励 700 元；良好年级组成员奖励 300 元；合格年级组成员奖励 100 元。

（四）安全工作考核

学期内教工安全工作落实到位，护导出岗规范，考核为 200 元 / 人；获优秀护导为 250 元 / 人。

（五）岗位奉献奖

一学期内，学校有突击任务，教师勇挑重担，奖励 400—1000 元。

（六）成果奖

教师根据学期内获得的各项成果，进行申报。详见《静安区闸北第三中心小学成果奖方案》。

二、项目考核类

（一）教学常规模范教师评选

教师根据自己一学期落实教学常规的情况进行申报，通过考核，获得学期"教学常规模范教师"称号，奖励 1000 元 / 人。

（二）阳光优质课评选

教师在推门课、研究课、视导课中被推荐为优质课候选，并通过学期评定，获得证书，该优质课参照区级公开课标准予以奖励。

（三）教育教学研究项目

结合学校学期的重点工作，教师积极参与各类教育教学研究与实践，根据参与的情况，给予奖励。

三、其他说明

1. 教师在一学期内，病事假累计一个月及以上，按比例发放教师专业化发展考核、班主任工作考核、团队建设考核、安全工作考核。

2. 教师有教学违规现象，根据情况的轻重，对教师本人的考核奖进行扣发，同时对团队建设考核进行降级处理。

教师专业生命的绽放蕴含在教师的日常工作、学习和成长过程中，是一种系统性的发展。学校通过完善的制度建设，为教师的专业发展提供了一种良好的外部保障，让教师能够清晰地知道在专业成长的过程中，学校能够给予怎样的支持，自己能够获得怎样的帮助。这就从外部树立起来一种健康、积极、向上的工作导向，既有利于提高学校的整体治理水平，也能够从整体上赋能教师的专业发展。

二、反思合作：教师生命绽放的运行载体

教师生命的真正绽放，不能仅靠外部的制度保障，更要注重激发教师的内

在专业自觉。教师专业自觉：① 它是指教师对自己所从事的教育工作的专业性的清晰体认，明确教师专业的特点和发展方向，形成坚定的教师专业信念和崇高的专业理想，主动维护教师专业的声誉[①]。② 它具有多维度的价值意义。③ 它能够促使教师不断学习新的教育理念、教学方法和技术，从而提高教学质量和效果。教师通过自我反思和专业发展，能够更好地适应教育改革，提升学生的学习成果。④ 它有助于教师建立和增强对自己职业的认同感。当教师意识到自己的工作对学生和社会的重要性时，会更加投入和热情地工作，这有助于形成积极的工作态度和职业操守。⑤ 它鼓励教师进行持续的自我提升和专业发展。这不仅包括教学技能的提高，还包括对教育理论的深入理解、对学生心理的洞察以及对教育技术的掌握等。⑥ 它鼓励教师更愿意尝试新的教学方法和理念，推动教育创新。他们能够敏锐地捕捉教育领域的变化，积极适应并引领教育发展的新趋势。⑦ 它还体现在教师对学生的关爱和尊重上。教师通过了解学生的需求和特点，能够建立更加和谐、支持性的师生关系，这有助于学生的全面发展和心理健康。⑧ 它鼓励教师能够更好地向社会传播教育的价值和意义，提升教育行业的社会地位和影响力。他们通过高质量的教育实践，为社会培养出更多有用的人才，对社会发展作出积极贡献。

总之，教师专业自觉是教师职业发展的重要动力，它不仅关系到教师个人的成长和幸福，关系到教育质量的提升和学生的未来，更是教师专业生命精彩绽放的内在机制。因此，培养和提升教师的专业自觉，是教育领域持续关注和努力的方向。

（一）营造沟通合作的教师文化

生态取向的教师专业发展，倡导教师合作文化的建构。良好的教师合作，也是激发教师专业自觉的重要保障。

新三中心小学是两所学校强强联手的结果。两校的合并，给彼此带来了前所未有的发展前景，也带来了前所未有的极大挑战。两校合并后，最难的并非人事制度的理顺、富余人员的安置或办学效益的提升，最难的是两校教师的彼此接纳，两校文化的相互融合。为此，学校从教学人事安排，教研组、年级组人员搭配，骨干教师的培养，以及中层干部的提拔等方方面面，着力促进两校教

① 曹长德.论教师专业自觉［J］.安庆师范学院学报（社会科学版），2009（03）：26-31.

师的互相了解，推进两校文化的互相交融。在学校还存在总部、分部的时候，学校就着手安排两部教师互相调换教学班级，融入新的年级组、教研组开展工作。尽管全校教师"两地分居"，但是在每周五的政治学习时段，无论刮风下雨，学校都安排全校教师"大团圆"，集中一处共同学习、一起研讨，加强沟通。学校在安排同一年级语文、数学、英语等学科教师的人事工作时，都尽可能地根据两校教师的人员比例、性格特点、学科特长等因素合理调配，从细节入手，加强学校文化的融合。此外，在每学期的教学交流、教学展示，工会的迎新活动，学校的外出考察等活动中，只要有机会，学校均积极安排两校教师的交流、互动，以增进了解、增进友谊。历经七年的风风雨雨，现在的新三中心小学完全没有了"原铁路一小""原三中心"这样的先天隔阂，两校教师已经完全融为一体，成为一个团结、合作、互补、互助的大家庭。学校的凝聚力也由此大为提高，带来的是学校工作的强战斗力和高效率。

近年来，随着学校的改革发展，校部对学校合作发展的文化建设又进行了新的思考，对文化建设的价值指向进行了整体设计。校部试图通过合作的文化建设达到多元化的教师专业发展目标：确保所有教师都清楚学校的教育目标和愿景，并鼓励他们参与到目标的制定过程中来，共同的愿景能够增强教师的归属感和合作意愿；鼓励教师之间的跨年级、跨学科合作，通过定期举行教研活动、合作备课、共同开发课程等方式，增强教师之间的交流和协作；为教师提供持续的专业发展机会，如研讨会、工作坊、在线课程等，这些机会不仅能够提升教师的专业技能，还能够促进教师之间的知识共享和经验交流；确保教师之间有开放和诚实的沟通环境，鼓励教师分享教学经验、挑战和成功案例，以及对学校管理和政策的反馈；对教师的合作行为和成果给予认可和奖励，可以是正式的表彰，也可以是非正式的赞扬，以此来激励教师继续保持和加强合作；在教师之间建立信任和尊重的关系，这需要学校领导以身作则，展现出对教师的尊重，并鼓励教师之间相互支持和理解；建立共享的教学资源库和协作平台，如在线论坛、共享文档等，方便教师之间分享资源和信息；鼓励教师进行教学反思和自我评估，这有助于教师认识到合作的重要性，并在实践中不断改进和提升。

（二）建构名师引领的发展体系

教师专业自觉性的提升，既需要教师自己的专业发展意识觉醒，也需要伙伴的帮扶、支持和引领。在三中心小学看来，打造一支好的教师团队，不仅需要激发内驱力、确立目标、树立自信，更需要学科专业的理念和实践引领。它是促进教师理念提升、行为变革和思想成熟的必要措施。这样的引领有了专家型教师、名师的介入，就能使不同发展层面的教师获得更好、更贴合实际的不同形式、不同程度的专业发展。三中心小学的"名师引领"是学校的优良传统和重要举措，在长年的管理实践中也获得了新的内涵发展和措施创新。学校在实践"名师引领"的过程中，根据不同层面教师的发展状态和需要，开展不同层面的引领。对于教学业务成熟，在区、市有进一步获得发展潜力的教师，学校为之聘请市区级教学研究专家和名师进行专门指导，鼓励教师参与市区级教学研究、课程改革的学科中心组，参加各类教学展示及研讨活动，促进其理念与行为的同步发展，打造学科引领者、领跑者。对于区、校级教学骨干，学校在外聘专家、名师指导的基础上，更注重挖掘本校优质学科教师，充分利用校内资源，发挥其学科引领的作用，起到学科建设和队伍建设的关键作用。而对于校级骨干和专业成长期的教师，学校除了利用校本培训的机会外聘专家、名师来校指导、讲座以外，还注重发挥校内骨干教师的引领、指导作用，促进其教学业务的提高和教学理念、行为的逐步转变。通过分层的名师引领和骨干表率，有利于调动各层面教师的积极性，激活其内在的专业发展内驱力，使其在各自基础上获得相应发展。

（三）倡导教师自我的反思建构

教师不是知识和技能的被动接受者，而是一个主动的实践反思者。自杜威明确提出教师反思的理念之后，教师反思逐渐成为引领教师专业发展的重要理论和实践体系。教师反思，倡导教师基于教育教学和管理的实践，通过对自身思想、价值、能力、方法等的自我审视、突破和建构，形成一种基于实践的专业发展范式。这种反思不仅有助于教师更清晰地理解自己与教学、与课堂、与学生的关系，而且有助于重构教师自我及其专业发展的关系，引导教师真正成为自身专业成长的主体，这对于激发教师的专业自觉，发展教师的专业生命自由有重要的意义。因此，要真正激发教师的成长主动性，实现教师专业生命的绽放，就必须通过多种路径支持和鼓励教师开展专业成长的自我反思。在三中心小学的教师队伍建设实践中，学校注重引导教师通过对课堂教学和教育教学管理活动等进行及时反思，帮助教师形成一种基于自我、基于实践的成长方式，让教师深切感受到成长的快乐和生活的幸福。这种自我反思的成效，可以通过教师的日常分享和成长故事得到体现：

在阳光校园享受成功的幸福

"灿烂每一间教室，灿烂每一张课桌"是我们阳光学校阳光办学理念育人观、教学观、儿童观高度统一的体现，也是学校新三年的行动口号。如何促进将这样的办学理念转化为一种教育行为，这是作为一名学校骨干教师需要在这三年中进行深度思考的问题。在过往的工作经历中，让我深感与学生同成长的幸福、与伙伴共进步的喜悦。让我深深体会到"学生的幸福，是教师的幸福；教师的幸福，是教育的幸福。学校就应该是幸福的乐园。"然而幸福乐园的打造离不开学校每位教师。都说独木难成林，唯有将群体转化成为团队，当大家荣辱与共，共同分担，合力奉献，互相欣赏的时候，当我们将自身的发展与学校的发展融合在一起的时候，我们才会拥有真正的职业幸福，我们的校园才会是幸福的乐园。

在未来的三年里，作为学校的一名年级组长、一名骨干教师，我想，更新育人理念，优化育人行为，势在必行。

我也是一名班主任，我很喜欢这个岗位。每年的教师节、国定节假日都会有来自各方的慰问信息、节日祝福，他们都是我历届的学生以及家长。我想这些都与我这么多年来，与学生亲密接触、耐心教育是息息相关的。然而在当今教育中，作为一名校骨干教师仅仅满足于这些是远远不够的，我要将这一工作特点转化为自己的一个亮点。记得校长曾经提到：如何从经验型教师向专家引领型教师发展？我想这就是我今后该重点思考的问题，乃至努力的方向。

阳光教师应该是能真正把阳光带给孩子的教师。如何走近孩子，如何走进孩子的内心，正是我们更新理念、优化行为的突破点。走近孩子就要读懂每一位学生，然而对于学生、学业水平，他们总是千差万别，长相、家庭贫富不均、学业水平参差不齐。比如我们班的小马同学，他行为习惯很差，经常无故对同学拳脚相加，是个人人"讨厌"的孩子。但是静下心来细细观察，他还是有可取之处的，比如劳动任务完成得比较好，有时还挺关心老师的。在多次与他的交谈中，他毫无顾忌地与我聊了好多，才了解到他的这些行为是受到了不恰当的家庭影响。是呀，孩子本是无罪的。由此可见，作为教师，只有放下架子和学生交朋友，争做学生的良师益友，这样学生才有可能向你袒露内心世界，你才能近距离地了解学生的内心世界，做到知彼知己，你的教育才能有的放矢，你的教育才会是最有效的，达到事半功倍的效果，你才能真正实现亲其师，而信其道。

作为班主任，仅仅走近孩子还不够，还要真正地走进孩子内心，进入他们的世界。试着降低自己的心理年龄，与孩子一起笑，一起"疯"，参与到孩子们的活动中。例如我校开展了书籍阅读活动，为了与学生拉近距离，体现自己的亲和力，老师平时就应抽出一点时间带领孩子开展这项活动。与孩子同读一本书，可以使我们的交谈中又多一个共同话题。长此以往，我想学生也会主动与老师交流，那我们将会成为无话不谈的伙伴了，这对今后的教育工作一定能起到推动作用。

除了班主任工作之外，我还是年级组长，我还要带领我的团队一同更新理念、优化行为。因此在团队工作中，我想用三个关键词要求自己，也是与团队成员共勉。

第一个关键词是"欣赏"。

拥有欣赏的目光，就能收获美好的世界。同事中有好多教师在各个领域及岗位中都取得了优异的成绩。成功的教师总有着自己独特的风格，通常这样的教师也会有鲜明的个性。他们都应该是我们学习的楷模，决不能因为伙伴跟我不一样就排斥、抵触。每个人都是唯一，因而接纳、欣赏伙伴身上的"唯一"，也会让自己变得丰富多彩。在与同事相处时，就要用欣赏的眼光发现伙伴身上的优点，这也是提升自己的一个捷径，好过自己埋头苦干。

在工作中我会督促自己形成良性竞争的心态。把同事的成功当作团队的财富，因为同事的成功经验避免了自己的无效摸索。因此我想说的是：在团队中我会为他们的成功而喝彩！

第二个关键词是"理解"。

在与同事的相处中，我们总会遇到不同的合作对象，包括不同类型的学生，总会产生工作上的分歧，也难免会有些负面情绪。然而作为一名骨干教师，在遇到同事间的分歧时，要以大局为重。在解决团队的分歧时，努力要求自己理解包容，做团队的黏合剂。要站在一定的高度分析他们每个举动后面的心理原因。要学会换位思考，常常问：如果我是他，我会如何？并且要善于发现团队中伙伴的长处，充分发挥其长处，并能给予适当的帮助。在此我想与大家分享这样一句话：善于欣赏和汲取同事的长处，就能让自己离成功更近一步。我认为这样远比对立、宣泄情绪更为有效，同时也树立了一位骨干教师在团队中的引领作用。

第三个关键词是"互助"。

教师个体的发展离不开团队的支撑，作为骨干教师的我们既要做红花，同时也要学会做绿叶。在带领团队进行教学研讨时，不忘提醒自己：做团队的一员，以合作者自居，避免骨干教师的优越感，不做指挥者，不发号施令。要以自己的全情投入感染、带动周围的伙伴，激发伙伴们在团队探究中的自主作用，这样团队才会充满生机，才能成就我们的灿烂课堂。

（选自三中心小学成琴老师的发言）

发挥"三股劲"，助力成长

作为三中心的新生代教师，我们年轻，我们有活力。俗话说，初生牛犊不怕虎。因此，在工作中我们就要发挥牛犊般的"三股劲"，不断提升自己的专业能力。

第一股劲是"钻劲"。

对于初入职的年轻教师来说，我们对教学业务还不是很熟悉，所以我们就要凭着一股子钻劲去学习。

向"书本"学：对于我们所教学的科目，我们首先要通读教材、精读教材、研读教材、解读教材，要去理解教材的设计意图，明确教学中所要达到的三维目标是哪些。对于年轻教师来说，往往可能出现这样的现象：一节课35分钟总是来不及上完教学内容，或者一节课35分钟，怎么15分钟就把教学内容上完了。这个时候我们就要反思自己的教学内容是不是符合书本，教学内容是不是为教学目标所服务的。除了钻研教材，学校还为我们青年教师订阅了不少教学类的刊物，这些书刊上有很多优秀教师的理论和教案，我们也可以学到不少教学的好方法。

向"师父"学：学校领导很重视每个初入职的年轻教师的成长和发展，为我们每人找了一位好师父。师父们总是悉心指导我们如何去钻研业务和进行常规教学备课。对于我们来说，可不能被动地等着师父来教我们，我们必须主动地积极地向师父讨教。每次听了师父的课，对比自己课上的不足之处，为什么自己的学生这个知识点掌握得不好？我在哪个教学环节上出现了问题？师父的课堂上是怎样落实教学重点、突破教学难点的？除了主动地向师父请教，我们还要"偷偷地"学，有些只能意会不能言传的要我们自己去观察、去摸索，比如观察周围的老师在平时的教学中是怎么培养孩子们的学习好习惯的，观察当发生突发事件时老师们又是怎么处理问题的，等等。

向"学生"学：为什么说向学生学呢？现在的孩子是绝对不能小觑的。他们有个性，知识面广，学习的方式更多元。面对他们，一味地压制管教是不行的。因此，研究学生是一个新命题。在教学上我们要去研究学生已经掌握了哪些知识，比较感兴趣的是哪些，薄弱之处在哪里……知道这些能够帮助我们更加合理地制定教学目标、调整教学内容，那么我们的课堂就更高效了。同时，事先对学生有了一定的了解之后对于课堂上学生突然生成的问题也就心里有底气了，我们"打有准备的仗"，何患不胜利呢？我们除了要研究学生，还要走近学生。对于年轻教师来说，时常会遇到这样的问题，特别是对语、数、外这三门的教师来说：学生的订正怎么总也抓不干净。这时候你就要走近学生去了解他们真实的困难在哪里，到底是哪里不懂，还是这个知识点超过了他的能力。我们采取分类解决的方法，那么我想钉子户就"钉"不起来了。

第二股劲是"干劲"。

作为年轻教师，我们的优势就是有活力、有激情，充满着能量。虽然我们教学经验不丰富，但是我们可以多思考，将理论转化为实际；虽然我们教学效果不是最理想，但是我们可以多实践，正所谓勤能补拙嘛。只要我们一直保有这股干劲，就一定能够"水滴石穿"。除了在教学上我们要有这股"干劲"，还要在办公室、在校园传递我们的正能量。我们可以发挥在新技术方面的优势，帮助亲爱的同事们解决一些问题。当学校需要开展一些活动时，我们当仁不让地冲锋陷阵，奉献自己的青春。

以前人们常用蜡烛来比喻教师，正所谓点燃了自己，照亮了别人。很多教师都是在自己的岗位上兢兢业业、默默无闻，一干就是几十年，他们从不计较什么，默默地将自己的青春奉献给了教育事业。可是时代在变迁，现在教师已经不是"蜡烛"了，在这"电器"时代，怎么也要成为"LED灯"吧，我们不把自己"烧尽"，也要带来光明，但是"奉献"依然是我们年轻教师不变的追求。要让学校领导看到、要让同事们感受到、要让孩子们体会到，我们年轻教师身上的这股"干劲"，我们不仅肯做事，也会做事，而且还能做得很出色。

第三股劲是"韧劲"。

什么是韧劲呢？百度词库的解释：通常指一种顽强持久的劲头。说人，就是指人有韧性，百折不挠，坚韧不拔等；说吃的，就是说有嚼头；说植物，就是在环境艰苦的情况下生长。

为什么说年轻教师要有"韧劲"呢？因为我们刚入职时，没有教学经验，处理问题也不是那么的得心应手，很多问题都是突如其来的。我们前几个月还是大学校园里的一名学生，现在就成了教学生的老师，在这个角色转换上，肯定会遇到不少的问题。所以新老师一定要有一股"韧劲"，只要不怕苦、不怕累，而且敢于迎难而上，相信任何困难都能克服。

还记得我刚入职时，使我自己的身心都同时接受考验的是张蕾老师每周三都来听我的课。记忆中很多次她听完课都找出我一堆的问题，这使得我一度精神紧张，只要一到星期二，我就开始惴惴不安了，直到过了周三我才能稍微舒一口气，这样的听课一听就是整整三年。这几年里我感觉自己就像一株磐石下的小草，虽然觉得很艰辛，但是却依然不断地在努力成长，而且从来没有退缩过、放弃过。渐渐地有些时候我会期待张老师来听我的课，因为每次一针见血的点评总是能让我在教学上有所觉悟，我凭着这股子"韧劲"，有问题不怕，有问题就解决问题，下次让张老师少说得出我的问题，争取找不到问题，这成了我每次备好课的信念。前些日子当我听到数学老师们都说"陆琴可以出师了"的时候，心里真是开心极了，很为自己自豪。领导的支持、张蕾老师的指导、数学组各位老师的鼓励，还有师父无私的帮助，给了我莫大的鼓舞。在这几年里我不断地经历公开课和比赛，在区公开课的大舞台上，我的胆量也逐渐大了，思维得到了极大的提升，掌控课堂的能力也迅速提高，教学水平直线上升。正是这一次次的挑战让我更加充满了"劲道"。每每感受到这些我就觉得特别有底气。人们都说经历是一笔宝贵的财富，这些艰苦奋斗的日子会成为我们一生的财富啊！因此，年轻的教师们要敢于被听课、敢上公开课。要成为一名合格的、优秀的教师必须经过这样的锻炼。我们不断努力、不怕付出、敢于接受挑战、经历磨炼，也只有经历过这些磨炼才能缩短我们新教师的成长期，让我们在一个较高的起点上迅速成长起来。

作为一名教师，我需要学习的东西很多，古人云："欲要成其事，必先立其志"。只有立志成为一名好教师，才有动力去做好自己的工作，才有发展自己、成就自己的动力。我相信我们这些年轻新教师一定有足够多的对理想的执着追求和坚持。让我们期待着教育的美好，充满着希望，用我们的行动和理想，描绘那幅绚丽的教育蓝图。

（选自三中心小学林沁彦老师的发言）

三、引领成长：教师生命绽放的实践指向

教师的核心使命是立德树人，教师专业发展的成效，最终要落实到引领学生成长的实践中去，因此，要在立德树人的实践体系中达成和检验教师专业发展的成效，让教师专业生命的绽放实现其最终的理想价值。

教育中的基本关系是师生关系，某种意义上说，教育越复杂庞大，教育之根本越被遮蔽，理解教育须正本清源，返本开新。有师生关系才有教育，没有师生关系就没有教育。教育在一定程度上是为了学习，但学习不等同于教育，师生关系从根本上决定教育的存在，教育要以师生关系为中心[①]。从这个角度出发，建构合理的师生关系应该成为教师专业发展理论和实践研究无法回避的命题。在所有关涉师生关系的研究中，习近平总书记提出的"四个引路人"构成了一种师生关系的鲜活表达，也能够成为学校层面推进教师队伍建设，建构和谐师生关系，达成教师专业生命价值的有效范畴。

（一）育品：做学生锤炼品格的引路人

教师在塑造学生良好品格方面扮演着至关重要的角色，教师要努力做学生锤炼品格的引路人。教师自身的行为和态度是学生模仿的对象，通过展示诚实、尊重、责任感和同情心等品质，教师可以直接影响学生的品格发展；教师应建立一个有序、尊重和公平的课堂环境，通过制定明确的规则和期望，教师可以帮助学生学会自律和合作；教师需要树立"学科德育""课程思政"等意识，在课程中融入德育内容，通过故事、案例分析和角色扮演等方式，引导学生思考和讨论道德问题，培养他们的道德判断力和决策能力；教师要关注学生的情感需求，鼓励他们表达和处理情绪。教师可以通过倾听、支持和提供反馈，帮助学生建立积极的自我形象和人际关系；教师还要注重组织学生参与社区服务和志愿活动，让他们在实践中学习承担社会责任和团队合作。这些经历可以增强学生的社会意识和公民责任感。最为重要的是，教师了解每个学生的个性和需求，可以提供个性化的支持和指导。通过与学生建立信任关系，教师可以更有效地引导他们发展良好的品格。

---

① 张祥云，许若林.论教育以师生关系为中心[J].高等教育研究，2023（08）：1-9.

（二）育学：做学生学习知识的引路人

学习是学生的中心工作，引导学生有效学习知识是教师的职业本质所在。教师应清晰地向学生介绍学习目标，让学生明白他们将要学习什么以及学习这些知识的意义和作用。教师要通过引入有趣的故事、实际案例或与学生生活紧密相关的内容，激发学生的学习兴趣和好奇心。教师应该注重采用多种教学方法，如讲授、讨论、小组合作、角色扮演、实验和项目学习等，以适应不同学生的学习风格和需求。教师要学会鼓励学生积极参与课堂讨论，提出问题，分享观点，创造一个开放和包容的学习环境，让学生感到自己的意见被重视。教师需要对学生的学习进度和表现给予及时、具体的反馈，这有助于学生了解自己的优势和需要改进的地方，从而调整学习策略。教师要注意学习方法的指导，教会学生如何自我管理学习时间，如何查找和评估信息，如何制定学习计划和解决问题，这些技能将使学生终身受益。教师要引导学生将所学知识与实际生活或工作场景相联系，通过项目、实验、模拟或实地考察等方式，让学生在实践中加深理解和应用知识。教师要对学生定期进行学习评估，不仅评估学生的知识掌握程度，还评估他们的学习过程和方法。鼓励学生进行自我反思，思考如何改进学习方法。更为重要的是，教师要认识到学生学习在内容和方式上的广阔性，引导学生既向书本学习，也向他人、社会、实践学习，培养学生的终身学习力。

（三）育行：做学生创新思维的引路人

具备良好的思维，不仅是"人之为人"的基本特征，也是人的全面发展的应有之义。近年来，随着教育领域对于传统的"教师发起—学生回应—教师评价"的教学话语体系[①] 和以知识传承为主要任务的教学目标的系统反思，思维的培养逐渐成为教育改革和人才培养的重要目标，"为思维而教"成为教育改革的流行话语方式。在思维的培养中，以创新思维为重要表征的高阶思维能力培养更受重视。高阶思维作为一种彰显学生知识综合分析、运用、创造能力的复合型思维，具有多种形式的表现样态。比如呈现出扩散状态的发散思维；对知识与信念进行持续省察的批判性思维；以具象为思维内容的形象思维；以相反思考

---

① 夏雪梅.在传统课堂中进行指向高阶思维和社会性发展的话语变革［J］.华东师范大学学报（教育科学版），2019（05）：109-114.

角度解决问题的逆向思维；将复杂问题转化为简单问题的转化思维；用简单问题的解答方法建构复杂方法的类比思维；准确而有条理地表达思维过程的逻辑思维；超越时空进行想象组合的综合思维；打破固有思维定式的创造性思维等。不同的思维，着眼点不同，但是都从某些特定方面体现了高阶思维的品质和属性。高阶思维的多样性为课堂教学的路径创生提供了支持，教师需要在综合把握学科知识体系的基础上，寻找学科教学与学生多样化的高阶思维能力培养之间的内在关联，通过教学内容的重组、教学方式和评价手段的变革、课堂话语方式的重构等，建构课堂教学与学生多样化高阶思维之间的实践联系，如运用"一题多解""一事多写""一物多用"等方式，培养发散性思维和创造性思维；运用思维导图的方式培养学生的逻辑思维和形象思维等。特别是在倡导新质生产力的当下，学生创新思维的培养更加重要，教师要着力探索培养学生创新思维的方式，并以此为引领统筹自我专业发展。

（四）育志：做学生奉献祖国的引路人

爱国之情是最美好、最朴素的感情。近代以来，为了实现民族振兴，一代代中华儿女不惜抛洒热血、咬牙奋斗。习近平总书记指出："中国人民和中华民族从斗争实践中懂得，中国社会发展，中华民族振兴，中国人民幸福，必须依靠自己的英勇奋斗来实现，没有人会恩赐给我们一个光明的中国。"对于青少年而言，他们正处于塑造人生观、世界观、价值观的关键时期，教师对其成长的影响最直接、最关键、最深刻、最持久。教师的思想道德、言行举止、学识学养会潜移默化影响学生做人、做事、做学问。作为教师，要坚定不移把握住立德树人这个职业纲领，关心学生，尊重学生，对学生不仅要有爱心、细心，更要有耐心，要真心关爱学生的心理成长，鼓励学生自强不息、奋发进取，注重引导学生良好习惯的养成，实现全过程育人和全方位育人。更为重要的是，要将爱国之情作为最重要的价值观念传递给学生，帮助学生从小就涵养奉献祖国的宏伟志向。

结语

百年大计，教育为本。教育大计，教师为本。教育高质量发展离不开教师作用的充分发挥。党的十八大以来，习近平总书记多次在考察、讲话、批示中表达了对切实加强新时代教师队伍建设的重视和期待。在党的二十大报告中，习近平总书记也专门强调，要着力"培养高素质教师队伍""办好人民满意的教育"。在 2023 年 5 月 29 日举行的中共中央政治局第五次集体学习中，习近平总书记再一次强调，"强教必先强师，要把加强教师队伍建设作为建设教育强国最重要的基础工作来抓，大力培养造就一支师德高尚、业务精湛、结构合理、充满活力的高素质专业化教师队伍"。2023 年 9 月 9 日习近平总书记在给全国优秀教师代表座谈会的致信中，又专门阐述了新时代教育家精神，用教育家精神感召广大教师恪守"躬耕教坛，强国有我"的责任与使命，为新时代持续加强教师队伍建设提供了重要遵循。

近年来，在党和政府的高度关心和持续引领、推动下，我国各级各类教师队伍建设取得了显著成效，教师队伍整体素质不断提升，教师教育体系不断健全完善，教师队伍的治理格局不断优化，全社会尊重教师、关爱教师，支持教师队伍建设的整体氛围不断向好。但无可否认的是，整体上看，我国基础教育教师队伍建设还存在诸多与时代发展、教育变革、社会需求、民众期待不相适应的问题，还需要在教师队伍建设上久久为功。

教师队伍建设，既需要完善的政策理论支持，也需要学校层面校本化的实践建构。本书着眼于新时代教育强国和教育现代化建设的整体背景，聚焦学校教师队伍建设存在的问题，以一种整体反思和叙事的方式对静安区闸北第三中心小学的教师队伍建设情况进行了系统总结，既呈现了学校的具体做法，又力图表达这些实践背后的逻辑思考，为进一步优化学校教师队伍建设，总结凝练可辐射的教师队伍建设经验提供可能。

建设高素质、专业化教师队伍，没有完成时，只有进行时。值得一提的是，在本书即将完稿之时，中共中央、国务院发布了《关于弘扬教育家精神加强新时代高素质专业化教师队伍建设的意见》（以下简称"《意见》"），明确提出：教师是立教之本、兴教之源，强国必先强教，强教必先强师。《意见》强调，要坚持以习近平新时代中国特色社会主义思想为指导，深入贯彻党的二十大和二十届三中全会精神，坚持党对教育事业的全面领导，贯彻新时代党的教育方针，落实立德树人根本任务，把加强教师队伍建设作为建设教育强国最重要的基础工作来抓，强化教育家精神引领，提升教师教书育人能力，健全师德师风建设长效机制，深化教师队伍改革创新，加快补齐教师队伍建设突出短板，强化高素质教师培养供给，优化教师资源配置，打造一支师德高尚、业务精湛、结构合理、充满活力的高素质、专业化教师队伍，为加快教育现代化、建设教育强国、办好人民满意的教育提供坚强支撑。《意见》的出台，不仅提供了未来教师队伍建设的新思路和新方向，也给一线教师和学校管理者带来了教师专业发展的行动信心。学习践行教育家精神，争做新时代教育家，将成为激励我们进步的重要精神动力。因为有了这样的动力支持，具有中国韵味的教师专业发展实践体系一定能够建立，符合时代发展的高素质专业化教师队伍一定能够建成。作为其中的一员，我们愿意为此而持续努力！

参考文献

1. 习近平.做党和人民满意的好老师——同北京师范大学师生代表座谈时的讲话［N］.人民日报，2014-09-10（02）.

2. 约翰·科特.变革的力量：领导与管理的差异［M］.方云军，等译.北京：华夏出版社，1998：2-6.

3. 叶澜，白益民，等.教师角色与教师发展新探［M］.北京：教育科学出版社，2001：278-302.

4. 陈永明.现代教师论［M］.上海：上海教育出版社，2003：186-188.

5. Klein J D, Spector J M, Grabowski B, 等.教师能力标准——面对面、在线及混合情境［M］.顾小清，译.上海：华东师范大学出版社，2007：18-23.

6. 彼得·G·诺斯豪斯.领导学：理论与实践［M］.吴爱民，等译.北京：中国人民大学出版社，2012：2.

7. 朱旭东.教师专业发展研究［M］.北京：北京师范大学出版社，2018：86-90.

8. 胡惠闵，王建军.教师专业发展［M］.上海：华东师范大学出版社，2020：58-59.

9. 申继亮，等.关于中学教师成长阶段的研究［J］.天津师范大学学报（基础教育版），2002（03）：1.

10. 叶澜.重建课堂教学价值观［J］.教育研究，2002（05）：3-7，16.

11. 王毓珣.名师概念及特征辨析［J］.天津市教科院学报，2005（04）：41-43.

12. 陈如平.如何提出和提炼学校的办学理念［J］.中小学管理，2006（10）：4-6.

13. 曹长德.论教师专业自觉［J］.安庆师范学院学报（社会科学版），2009（03）：26-31.

14. 王洁. 从"师徒带教"到"团队成长"——基于上海市部分新教师专业成长调研的思考[J]. 教育发展研究, 2009（24）: 67-71.

15. 孟建伟. 教育与幸福——关于幸福教育的哲学思考[J]. 教育研究, 2010（02）: 28-33.

16. 漆新贵, 蔡宗模. 特色学校建设: 内在生成的理念[J]. 中国教育学刊, 2010（02）: 22-25.

17. 胡惠闵. 从区域推进到以校为本: 校本研修实践范式研究[J]. 教育发展研究, 2010（24）: 61-65.

18. 王晓莉. 教师专业发展的内涵与历史发展[J]. 教育发展研究, 2011（18）: 38-47.

19. 钟祖荣, 张莉娜. 教师专业发展阶段的调查研究及其对职后教师教育的启示[J]. 教师教育研究, 2012（06）: 20-25, 40.

20. 朱淑华, 等. 教师知识结构的学理分析——基于对西方教师知识研究的回溯[J]. 外国教育研究, 2012（11）: 118-126.

21. 朱志勇, 崔雪娟. 优秀校长的领导特质: 媒体报道视角的分析[J]. 教育学报, 2013（01）: 100-110.

22. 崔允漷, 王少非. 教师专业发展即专业实践的改善[J]. 教育研究, 2014（09）: 77-82.

23. 杨洁. 能力本位: 当代教师专业标准建设的基石[J]. 教育研究, 2014（10）: 79-85.

24. 文晓立, 陈春花. 领导特质理论的第三次研究高峰[J]. 领导科学, 2014（12）: 33-35.

25. 艾诗根. 论实践本位教师专业学习的意义、特征和行动策略[J]. 教育理论与实践, 2014（25）: 33-37.

26. 陈建华. 论学校教育哲学及其提炼策略[J]. 教育研究, 2015（10）: 57-63.

27. 王俭. 促进教师专业发展的校长作为[J]. 教师教育研究, 2015（02）: 71-75.

28. 王枬. 论教师的仁爱之心[J]. 教育研究, 2016（08）: 117-124, 144.

29. 阚维. "好教师"标准的国际解读[J]. 人民教育, 2016（18）: 70-74.

30. 王帅. 中学名校校长胜任特征研究[J]. 教育学术月刊, 2017（07）:

54-63.

31. 韩芳.课程改革中的校长与教师关系[J].教学与管理,2018(02):40-43.

32. 岳欣云.教师发展的最高境界:教师生命自觉[J].华东师范大学学报(教育科学版),2018(02):117-122+158.

33. 华琴,陈光明.以精神成长引领专业发展——新时代中小学教师专业发展路径及策略探析[J].江苏教育,2018(04):29-32.

34. 秦玉友.新时期学校治理的现实挑战与积极应对[J].东北师大学报(哲学社会科学版),2018(05):18-23.

35. 武秀霞.制度创新与学校特色发展[J].教育学术月刊,2018(07):63-69.

36. 王仕杰,焦会银.教师教力:内涵、结构与特点[J].课程·教材·教法,2018(07):98-105.

37. 赵宁.论校长的课程领导力[J].小学教学研究,2019(01):6-8.

38. 王光明,张楠,李健,等.教师核心素养和能力的结构体系及发展建议[J].中国教育学刊,2019(03):81-88.

39. 罗晓娟.经典领导特质理论对现代中小学校长的启示[J].教育观察,2019(05):34,47.

40. 王雨田.中小学校长领导力与教师满意度的关系研究[J].上海教育评估研究,2019(06):27-31.

41. 姜勇,庞丽娟.论教师专业生命的完美绽放:从管理走向治理[J].中国教育学刊,2019(08):65-75.

42. 王素月,等.教师道德的多层次发展逻辑及其结构模型[J].教育研究,2019(10):143-152.

43. 牛楠森."办学理念":概念辨析及其"诞生"[J].中小学管理,2019(11):28-31.

44. 侯玉雪,杨烁,赵树贤.学校治理背景下教师参与学校管理的困境及对策研究[J].教育理论与实践,2019(13):29-32.

45. 韩喜平,李帅.习近平关于新时代教师职业重要论述的价值意蕴[J].福建师范大学学报(哲学社会科学版),2020(01):9-16.

46. 李华,程晋宽.为每所学校配备优秀校长——美国中小学校长支持策

略研究 [J].比较教育研究，2020（03）：66-73.

47.陈殿兵，杨新晓.杰出无捷径：美国年度校长基本特质探析——以"贝尔年度学校领导力"获奖者为例 [J].比较教育研究，2020（03）：59-65，82.

48.傅淳华，杜时忠.教师道德学习的组织困境及其超越——学校组织道德学习的视角 [J].教育科学，2020（04）：51-56.

49.龙宝新.新时代师德师风建设的意义、依据与方向 [J].中国德育，2020（13）：5-9.

50.张民选.上海教育要自信、自省与自觉 [J].上海教师，2021（01）：7-8.

51.郑金洲.学校治理现代化：意义探寻与实践推进 [J].河北师范大学学报（教育科学版），2021（01）：70-78.

52.尹超，等.作为"反思的实践者"：一种校长研修的新方式 [J].中国教育学刊，2021（S2）：242-244.

53.张伟，张茂聪.论新时代教师的成长及其向度 [J].山东师范大学学报（社会科学版），2021（04）：141-148.

54.柏路，包崇庆.习近平关于师德师风重要论述的生成逻辑、内容结构及理论品格 [J].思想教育研究，2021（09）：10-16.

55.柳海民，郑星媛.教师职业幸福感：基本构成、现实困境和提升策略 [J].现代教育管理，2021（09）：74-80.

56.于文安.校长多重角色模型及其能力提升 [J].中国教育学刊，2021（12）：60-65.

57.王春娇，王秀红.教师课程实施能力的结构模型构建 [J].社会科学战线，2022（01）：269-274.

58.王艳玲，陈向明.从"又红又专"到全面素养：新中国"好教师"标准的政策变迁 [J].教育学报，2022（02）：113-123.

59.余文森，龙安邦.提炼教学主张：名师专业成长的必修课 [J].教育科学，2022（02）：22-28.

60.王天平.教师自主提炼教学主张的方法 [J].课程·教材·教法，2022（07）：147-153.

61.李建华，肖潇."坚持师德师风第一标准"——习近平对师德师风建设思想的重要贡献 [J].江苏行政学院学报，2023（01）：12-19.

62. 田小红,等.教师能力结构再造:教育数字化转型的关键支撑[J].华东师范大学学报(教育科学版),2023(03):91-100.

63. 庞维国.近十年来西方主要国家师德教育的发展趋势及启示[J].中国教育科学,2023(05):67-76.

64. 刘志.教师德性的主体建构:新时代师德建设的理论基点[J].东北师大学报(哲学社会科学版),2023(06):51-58.

65. 张祥云,许若林.论教育以师生关系为中心[J].高等教育研究,2023(08):1-9.

66. 傅维利.师德自省形成机理与实践体系的双重构建[J].教育研究,2023(11):139-148.

67. 张晓光.认知·关系·情感:以三维框架重构智能时代的教师角色[J].清华大学教育研究,2024(01):141-151.

68. 檀传宝,肖金星.论教育家精神与师德修养的三个方向[J].中国教育科学,2024(01):24-31.

69. 徐赟.教师何以为"教育实践者":实践哲学视域中教师专业角色的审思与拓展[J].教育学报,2024(02):18-28.

70. 吴霓,王远.新时代我国建设教育强国的历史基础及未来路向[J].清华大学教育研究,2024(03):22-30.

71. 肖正德,谢宜珍.新时代乡村教师理想信念教育:价值意蕴、现实问题及破解对策[J].中国教育学刊,2024(03):89-96.

72. 陈丹.中小学校长引领教师专业成长研究[J].中小学校长,2024(03):43-46.

73. 张志勇,张文静.教育强国评价指标体系建构[J].中国高校社会科学,2024(04):32-46,157.

74. 饶从满,王玥.关于新时代中国教师素养模型建构的前提性思考[J].教育科学,2024(05):1-9.

75. 祁占勇,等."双减"格局下教师工作满意度:现状、差异与影响因素[J].教育科学研究,2024(07):5-12.

76. 丁华锋,刘华贵.中小学名师教学主张的价值及形成路径[J].湖北教育,2024(07):23-24.

77. 朱建康.试论名校建设的四个特征［N］.江苏教育报,2011-11-28（A07）.

78. 魏叶美.教师参与学校治理研究［D］.上海:华东师范大学,2018:1-5.